AUTONOMIA, RESILIÊNCIA E PROTAGONISMO
PROVOCAÇÕES REFLEXIVAS
PARA DESENVOLVER
COMPETÊNCIAS

Copyright © 2017 Renata Jubram
Copyright © 2017 Integrare Editora e Livraria Ltda.

Editores
André Luiz M. Tiba e Luciana Marins Tiba

Produção editorial
Estúdio Reis Editores
Revisão
Pedro Japiassu Reis
Rafaela Silva Reis
Projeto gráfico e diagramação
Gerson Reis

Capa
Q-pix – Estúdio de criação – Renato Sievers

Foto da autora
Ricardo Comanche

Ilustrações
Marcelo Tiburcio Vanni

Dados Internacionais de Catalogação na Publicação (CIP)
Andreia de Almeida CRB-8/7889

Jubram, Renata
  Autonomia, resiliência e protagonismo: provocações reflexivas para desenvolver competências / Renata Jubram. - São Paulo : Integrare, 2017.
  220 p. : il.

ISBN: 978-85-8211-081-2

1. Autonomia (Psicologia) 2. Resiliência (Traço da personalidade) 3. Mudança (Psicologia) 4. Liderança 5. Sucesso 6. Administração de pessoal I. Título

17-0994   CDD 158.1

Índices para catálogo sistemático:
1. Autorrealização (Psicologia)

Todos os direitos reservados à
INTEGRARE EDITORA E LIVRARIA LTDA.
Rua Tabapuã, 1123, 7º andar, conj. 71
CEP 04533-014 – São Paulo – SP – Brasil
Tel. (55) (11) 3562-8590
Visite nosso site: www.integrareeditora.com.br

RENATA JUBRAM

AUTONOMIA, RESILIÊNCIA E PROTAGONISMO

PROVOCAÇÕES REFLEXIVAS PARA DESENVOLVER COMPETÊNCIAS

Integrare
business

"A autoridade faz parte de nós mesmos; somos o sacerdote, o discípulo, o professor, somos a experiência e o fim."

J. Krishnamurti

PREFÁCIO DE EUGENIO MUSSAK

Eram os últimos anos da década de 1990. Havia, no ar, uma expectativa romântica pela chegada do novo século. A surpreendente revolução da tecnologia digital nos dava um inesperado poder, mas o medo do "bug do milênio" causava alguma insegurança e certa excitação.

Eram tempos fascinantes para todos, e, para mim, havia algo mais. Eu estava de mudança para São Paulo, vindo do Sul, com o propósito de iniciar uma nova carreira, no recém-nato mundo da educação corporativa. Após três décadas dedicadas à educação formal, queria conhecer essa área nova, que tinha o propósito de desenvolver pessoas em seus ambientes de trabalho e, através delas, desenvolver as próprias organizações.

Quando se chega em um ambiente novo é prudente estabelecer relações, e foi o que fiz, com afinco. Procurei me aproximar dos mundos acadêmico e corporativo, e isso, claro, só se faz através de pessoas. Tive a fortuna de conhecer pessoas sensacionais, que abriram portas para minhas ideias e acolheram as minhas incertezas. Entre tantos professores e executivos, uma jovem psicóloga recém-formada.

Enquanto os grandes professores tratavam de me presentear com certezas, a jovem compartilhava comigo suas dúvidas. Não havia insegurança em seu olhar, apenas curiosidade juvenil, interesse genuíno, humildade intelectual. Poucas coisas são mais encantadoras do que essa combinação, principalmente quando acompanhadas por uma inteligência brilhante e, para coroar, uma natural capacidade para sorrir. Essa jovem era a Renata Jubram.

Conversávamos, claro, sobre o tema que, por ser comum, nos unia: a relação das pessoas com seu trabalho e o interesse crescente das empresas em fazer com que essa relação fosse afetuosa e produtiva. Quais os componentes da psicologia humana que regiam essa relação? Haveria, afinal, uma conexão direta entre felicidade e produtividade? Poderiam, as pessoas, tornar-se melhores nas empresas, que, por seu turno, deveriam ser ambientes de desenvolvimento humano? Isso poderia ser realidade ou não passava de utopia? Perguntas...

Durante todos estes anos, estes assuntos continuaram em nossas agendas. Eu me estabeleci como professor, escritor e consultor em Desenvolvimento Humano e Organizacional. A Renata seguiu seu caminho próprio, fez mestrado, transformou-se em docente, escreveu livros. Mais de uma década e meia depois voltamos a nos encontrar, ambos com mais experiência e, provavelmente, ainda com mais dúvidas.

Apenas um consenso, que, aliás, não é só nosso: o comportamento é determinante, ao lado da formação técnica, do êxito das carreiras, independente da área de atuação.

Tendo sido Diretor de Pesquisas da ABRH – Associação Brasileira de Recursos Humanos, pude conduzir pesquisas e ter acesso a um grande volume de informações sobre comportamento organizacional, muitas delas compartilhadas no CONARH, o grande Congresso de Gestão de Pessoas que acontece todos os anos em São Paulo.

Um dos estudos sinalizou que as causas de contratação, em geral não são da mesma categoria das de demissão. Enquanto, na contratação, têm imenso peso as competências técnicas, na demissão são centrais os temas ligados ao comportamento.

Este é apenas um dos motivos que tornam este novo livro da Renata tão valioso. Escrito com maestria, leveza e profundidade, ele nos esclarece o valor da Autonomia, da Resiliência e do Protagonismo, a tríade essencial.

Coerente com seu jeito de ser, ela abre o livro com uma pergunta. Joga no colo do leitor a responsabilidade de responder (para si mesmo), se se considera, ou não, uma pessoa autônoma, para depois fornecer elementos para a elaboração da resposta de cada um. Despreza o senso comum sobre o assunto – em que autonomia é entendida como a conquista de "se fazer o que se quer"- e busca apoio nas conclusões da maior autoridade sobre o assunto, o psicólogo americano Lawrence Kohlberg, talvez sua maior referência intelectual, presença forte em seus livros anteriores: Inteligência ou Inteligências? – da Eugenia à Inclusão e Autonomia 360° - Saberes aplicáveis na liderança atual.

Em sua visão, "Pessoas autônomas têm elevadíssimo grau de autocontrole, sem o qual não poderiam justificar o termo: governar a si mesmo. Fazem o que é preciso, o que é correto, mesmo quando não estão sendo vigiados ou cobrados. Entendem o verdadeiro sentido da responsabilidade e do comprometimento".

Que maravilha seria o mundo com mais autonomia responsável... Tendo antes explorado a evolução do conceito de inteligência e os princípios da autonomia, neste novo livro a Renata vai além. Coloca a resiliência e o protagonismo como qualidades fundamentais à construção de uma vida exitosa. E o faz com precisão, respeitando a ciência e ilustrando com histórias, conceitos e metáforas.

Estou feliz e orgulhoso em poder participar desta obra, com a pequena contribuição do prefácio. Trata-se de um livro que eu gostaria de ter escrito. Conciso, objetivo, claro e profundo, ele atende ao preceito máximo da pedagogia: simplificar a complexidade. E isto, acredite, não é uma tarefa fácil. A maioria dos que tentam faze-lo, terminam por resvalar para a superficialidade ou para a simploriedade.

Ao lê-lo você não terá tão somente uma visão ampliada sobre os conceitos que embasam o entendimento destas qualidades tão humanas. Não apenas entrará em contato com as conclusões de Kohlberg, Piaget, Vygostky, Darwin, Paulo Freire, Rubem Alves e tantos outros. Não se limitará a entender alguns dos grandes dilemas humanos, descritos até nos textos sagrados. Verá tudo isso, sim, mas, acima de tudo, entrará em contato com o mais inexplorado e fascinante dos territórios: seu próprio interior. Boa leitura!

Eugenio Mussak é médico, professor de gestão de pessoas, e autor de livros, entre os quais Com gente é diferente, Preciso dizer o que sinto *e* Um novo olhar, *editados pela Integrare.*

AGRADECIMENTOS

Aos amigos queridos e parceiros de jornada (pessoal e profissional) que deram suas opiniões, discutiram conceitos e sempre me apoiaram com imenso carinho e paciência, em todos os momentos:

Eugênio Mussak, Gilberto Cózaro, Luciana Pianaro Mussak, Luiz Carlos Teixeira de Freitas, Maria de Paula Barbizan (*in memorian*), Magda Vicini, Marcelo Aguilar, Mario Sergio Fanelli, Marli dos Santos, Mauro do Nascimento Vieira, Regina Florêncio, Ricardo Comanche, Rodrigo Nunes Gonçalves, Sandra Fonseca, Terezinha Pião, Valéria Brunhara Gimenes, Weber Niza e meus pais Rosely Jubram e Januário Pedroso.

A QUEM SE DESTINA ESTE LIVRO?

Pessoas que ocupam cargos de liderança, profissionais de RH ou de qualquer outra área de atuação que se interessam pelos temas propostos: *autonomia, resiliência e protagonismo*. Este livro foi escrito para provocar reflexões, mesclando pesquisas acadêmicas, experiências pessoais da autora e teorias de pensadores de variadas áreas do conhecimento.

QUAL O OBJETIVO DESTE LIVRO?

Autonomia, resiliência e protagonismo são termos cada vez mais presentes no vocabulário das pessoas e, principalmente, no mundo corporativo que tem valorizado essas competências. Assim, este livro tem três objetivos: O primeiro, é "apimentar" uma discussão sobre os temas propostos, trazendo exemplos de variados contextos. O segundo, é propor um alinhamento conceitual, de modo que empresas e colaboradores possam tirar o melhor proveito desse entendimento em comum. E, o último, é explorar a complementaridade dos conceitos em questão.

VOCÊ SE CONSIDERA UMA PESSOA AUTÔNOMA?

Sim? Talvez? Pense com calma. Não seja impulsivo para responder... Há muito o que refletir sobre esta questão.

Pois, na visão de autonomia do psicólogo norte-americano e professor de Harvard, Lawrence Kohlberg – que dedicou anos de sua vida pesquisando o tema –, apenas 5% dos indivíduos adultos atingiram esse patamar de consciência. E esse dado também significa, obviamente, que a maioria das pessoas se encontra em algum estágio (mais, ou menos imaturo) dessa longa jornada.

Diferentemente de Kohlberg, o senso comum tem uma visão restrita ou até mesmo distorcida sobre o significado da autonomia. Muitos acreditam que para ser autônomo basta libertar-se do emprego com carteira assinada e ser o dono do próprio negócio. Para outros, a capacidade de prover o próprio sustento, já seria o suficiente. E há ainda aqueles que dão um sentido mais "filosófico" ao tema, destacando a capacidade de fazer o que se quer, desprezando as exigências da sociedade.

Por esse entendimento, certamente a estatística kohlberguiana apontaria um número bem mais elevado de pessoas autônomas. E muitos transgressores poderiam fazer parte desse grupo. Afinal, esses indivíduos conquistaram a "liberdade" de violar regras e normas de conduta, sem o menor conflito de consciência.

Minha expectativa, portanto, ao escrever esse livro, é fazer com que se possa vislumbrar algo mais consistente, quanto ao sentido da autonomia. E, ao mesmo tempo, propor um caminho que, juntamente com a resiliência (capacidade de superar adversidades), conduzirá ao protagonismo perante à vida.

Talvez você termine esse livro se perguntando: será que Kohlberg não foi generoso em sua estatística?

SUMÁRIO

Prefácio de Eugenio Mussak 7
Agradecimentos 11
A quem se destina este livro? 13
Qual o objetivo deste livro? 15
Você se considera uma pessoa autônoma? 17

capítulo 1 Ao pé da letra: armadilhas do pensamento concreto . . . 23
Pensamento concreto x pensamento abstrato 23
Darwin assassinou Deus? 31
Estágios do pensamento 36
Pensamento concreto não é destino 43

capítulo 2 A construção da autonomia 49
Autonomia: vamos falar a mesma língua? 49
Dimensões da autonomia 53
Anomia, heteronomia e autonomia 56
Adultos imaturos, desempenhos caóticos 63

capítulo 3 Transgressão: indivíduos que violam as regras 69
Indivíduos transgressores 69
Transgressão e psicopatia 71
Psicopatia é uma doença mental? 74
Psicopatas engravatados 77

capítulo 4 Obediência: indivíduos que executam as regras 81
Indivíduos obedientes 81
Obediência cega e a "banalidade do mal" 84
Obedientes não são bonzinhos 87
Obediência cega e fanatismo religioso 88
Obediência cega, liderança cega 93
Obediência ou competência: eis a questão 100

capítulo 5 Equacionamento: indivíduos que compreendem as regras **103**
Indivíduos autônomos equacionam suas decisões. 103
Equacionar problemas é uma competência do
pensamento abstrato 105
Avaliação, desempenho e equacionamento 111
Investir nos potenciais e não nas fraquezas 117
Equacionar é criar uma "musculatura moral" eficiente 124
Pessoas autônomas são "difíceis de lidar"?. 127

capítulo 6 Rumo à autonomia: a hierarquia dos estágios **133**
A contribuição de Kohlberg à psicologia moral 133
Evitar a punição. 137
Obter recompensa 140
Ter aprovação social 145
Manter a ordem. 148
Criar uma sociedade justa 150
Obedecer a consciência, alinhada aos
princípios éticos universais 154

capítulo 7 Resiliência na vida pessoal e profissional **165**
Estudos pioneiros sobre a resiliência 165
Os brutos também amam e os resilientes
também sofrem. 168
Resiliência na vida pessoal e profissional 173
Famílias resilientes, empresas resilientes 180
Resiliência x Síndrome de Burnout 184
Resiliência ou resignação?. 189
Reinventando o circo para superar a crise 194

capítulo 8 Protagonismo: a complementaridade dos conceitos ... **199**
A vida não é filme.... 199
Imagens do inconsciente: protagonizando
uma nova psiquiatria 210
Complexo de Jonas: a negação do protagonismo?. 213
Punição x Reparação: a mudança de cultura 218
Culpa x Reparação: a mudança pessoal 224
Malala: uma história de autonomia, resiliência e
protagonismo. 231

Bibliografia consultada. **241**
Currículo **245**

AUTONOMIA
RESILIÊNCIA E
PROTAGONISMO

CAPÍTULO 1

AO PÉ DA LETRA: ARMADILHAS DO PENSAMENTO CONCRETO

Pensamento concreto x pensamento abstrato

Atuando como professora pesquisadora, no ano de 2008 fui convidada por uma universidade a implantar uma clínica de atendimento psicopedagógico[1]. Para atender a essa demanda, elaborei um processo de triagem (já com objetivo de levantar uma hipótese

---

[1] **Psicopedagogia** é uma área do conhecimento destinada aos *problemas de aprendizagem*. Um dos objetivos da triagem realizada na clínica da universidade era saber se o problema apresentado pelos estudantes (a queixa) era, de fato, um problema psicopedagógico e não psicológico. Pois se fosse psicológico (depressão, fobias etc.), haveria a necessidade de um encaminhamento para outro setor.

diagnóstica), cujo roteiro incluía: entrevistas semiabertas, testes psicológicos e, entre outras coisas, a letra da música *Tanto Amar* de Chico Buarque de Hollanda – no intuito de avaliar a capacidade de compreensão dos estudantes.

TANTO AMAR
Amo tanto e tanto amar
Acho que ela é bonita
Tem um olho sempre a boiar
E outro que agita
Tem um olho que não está
Meus olhares evita
E outro olho a me arregalar
Sua pepita
A metado do seu olhar
Está chamando pra luta, aflita
E metade quer madrugar
Na bodeguita
Se seus olhos eu for cantar
Um seu olho me atura
E outro olho vai desmanchar
Toda a pintura...
É na soma do seu olhar
Que eu vou me conhecer inteiro
Se nasci pra enfrentar o mar
Ou faroleiro...

Para minha surpresa, a maioria dos universitários que passou pela triagem não foi capaz de fazer uma interpretação compatível com o grau de abstração esperado para o universo acadêmico. Alguns chegaram a escrever assim:

"a letra fala de um homem apaixonado por uma mulher vesga (alguns também disseram caolha, estrábica), *mas, de tanto amá-la, ele acha que ela é bonita".*

Tais interpretações, denunciam a notável dificuldade desses estudantes em perceber que o compositor se refere, metaforicamente, às nuances da personalidade da mulher amada: seus desejos contraditórios, sua instabilidade emocional, seus conflitos e indecisões, ou qualquer coisa nesse sentido, e não aos seus "possíveis problemas de visão". Infelizmente, ainda aprisionados ao *pensamento concreto*, eles revelam uma realidade preocupante do sistema de ensino.

Afinal, uma interpretação assim, tão literal, denota que o estágio do pensamento abstrato – teoricamente aguardado na idade adulta – ainda não foi alcançado em sua plenitude. **E essa capacidade de abstração é condição básica, fundamental, para se exercer o pensamento autônomo.** Desde então, comecei a investigar o quanto nós (indivíduos adultos) ainda nos mantemos, de certa forma, aprisionados ao estágio do pensamento concreto, em diferentes níveis.

Essa interpretação "ao pé da letra" manifestada pelos estudantes, embora possa causar estranhamento para alguns, apenas reforça os dados de uma pesquisa nacional alarmante sobre analfabetismo funcional (incapacidade de uma pessoa em compreender textos simples, embora seja alfabetizada. Trata-se de indivíduos que são capazes de identificar os símbolos gráficos, mas não conseguem interpretar o conteúdo do texto). Isso porque, o último relatório publicado pelo Instituto Paulo Montenegro e a ONG Ação Educativa, em parceria com o IBOPE, divulga que do total de pesquisados que concluiu o grau de ensino superior, apenas 22% situam-se na condição de *proficiente* e 42% na condição de ***intermediário***, quanto ao nível de alfabetização (vide tabela)[2]. Com base nesta mesma tabela, se 36% desses estudantes não passam de um nível de compreensão *elementar* do que estão lendo (são analfabetos funcionais), é absolutamente esperado que tenham dificuldade para fazer interpretações que exijam certa sofisticação do pensamento abstrato.

RESUMO DA TABELA DE DISTRIBUIÇÃO DA POPULAÇÃO
PESQUISADA POR GRUPOS DE ALFABETISMO E ESCOLARIDADE

GRAU DE INSTRUÇÃO	ANALFABETO	RUDIMENTAR	ELEMENTAR	INTERMEDIÁRIO	PROFICIENTE
EDUCAÇÃO SUPERIOR OU MAIS	0%	4%	32%	42%	22%

Fonte: Instituto Paulo Montenegro/Ação Social do IBOPE
INAF – Indicador de Alfabetismo Funcional

ANALFABETO	Corresponde à condição dos que não conseguem realizar tarefas simples que envolvem a leitura de palavras e frases.
RUDIMENTAR	Localiza uma ou mais informações explícitas, expressas de forma literal, em textos muito simples (calendários, tabelas simples, cartazes informativos) compostos de sentenças ou palavras que exploram situações familiares do cotidiano doméstico.
ELEMENTAR	Seleciona uma ou mais unidades de informação, observando certas condições em textos diversos de extensão média, realizando pequenas inferências
INTERMEDIÁRIO	Localiza informação expressa de forma literal em textos diversos (jornalístico e/ou científico) realizando pequenas inferências. Interpreta e elabora síntese de textos diversos (narrativos, jornalísticos, científicos).
PROFICIENTE	Elabora textos de maior complexidade (descrição, exposição ou argumentação) com base em elementos de um contexto dado e opina sobre o posicionamento ou estilo do autor do texto. Interpreta tabelas e gráficos.

Ao deparar com esse dado relevante no universo acadêmico (sobre o nível de abstração dos universitários) e, em outro momento, com uma certa confusão quando o assunto

---

2 **Tabela de Escala de Proficiência (resumo)**

era ***autonomia*** no ambiente corporativo, provocar discussões sobre o tema tornou-se um objetivo cada vez mais atraente.

Cabe apontar que os dois cenários (acadêmico e corporativo) são absolutamente complementares, até porque, os estudantes avaliados na época, são profissionais que hoje, provavelmente, estão no mercado de trabalho. E mais, isso mostra o quão imperativo é que se invista, cada vez mais, *também* na educação corporativa, pois a educação formal tem deixado lacunas perante a real capacidade dos indivíduos.

Antes de falarmos sobre a construção do pensamento abstrato e sua relação com a autonomia, é preciso entender melhor a dimensão do problema apontado. Afinal, que importância teria para a sociedade uma interpretação literal da letra de Chico Buarque? Acontece, porém, que esse fato não está isolado. Ele é apenas um dado a mais, sobre um fenômeno que se repete em diversos outros segmentos, cujo impacto pode ser bem maior. Isso porque, vivemos numa sociedade estruturada por leis, regras, escrituras sagradas, códigos de ética e de conduta, enfim, um conjunto de diretrizes para o comportamento humano, que exigem uma interpretação elaborada. Pois a aplicação literal desse conteúdo pode ser totalmente equivocada ou desastrosa.

Por exemplo: existe uma religião nos Estados Unidos cujos adeptos dançam com serpentes venenosas em seus rituais. O fundador da religião morreu picado por uma cascavel; posteriormente o filho dele morreu pelo mesmo motivo, e os seguidores continuam com a prática. Eles fazem isso porque numa passagem bíblica fala-se ***da fé dos que enfrentam "o veneno das serpentes"***. É obvio que a conduta desses indivíduos é orientada por uma interpretação ao pé da letra (como fizeram os universitários). E, embora o exemplo seja distante, o fato é que nós adultos agimos assim, em diversas situações, muito mais do que se possa imaginar.

"Homens de verdadeira fé enfrentarão o veneno das serpentes."

Talvez pelo mesmo motivo (a interpretação literal), seja até fácil convencer os seguidores do Estado Islâmico de que é legítimo exibir vídeos nos quais seres humanos são friamente degolados. Afinal, para eles tudo estaria "dentro da lei", pois existe uma passagem no Alcorão[3] que diz: **"Quando deparardes com os que renegam a fé, golpeai-lhes o pescoço"**.

Na rotina das organizações também acontece algo semelhante, que merece um olhar mais cuidadoso. Normas e regras, muitas vezes, são interpretadas ao pé da letra quando, na verdade, deveriam ter uma aplicação mais acertada e mais

---

[3] **Alcorão** ou Corão é o livro sagrado do Islã. Para os muçulmanos o Alcorão é a palavra de Deus, revelada pelo profeta Maomé.

adaptada à realidade e às circunstâncias. Observei isso acontecer inúmeras vezes em minha trajetória como consultora organizacional, e colecionei relatos de histórias desse tipo. Em 2014, fui convidada a participar de alguns congressos para abordar o tema. Os feedbacks que recebi foram muito interessantes, entre os quais, compartilho o e-mail abaixo, que dizia assim:

"Boa tarde, Renata. Primeiramente gostaria de parabenizá-la pela palestra. Acho que a autonomia, como você apresentou, é um assunto de extrema importância e o tema foi muito bem escolhido para abrir o congresso.

Trabalho com meu marido em uma empresa nacional de grande porte e, recentemente, passamos por um problema que sinaliza exatamente o que você abordou. Implantaram uma norma baseada em uma lei que havia sido mal interpretada. Era um detalhe tão óbvio que até eu, que não sou especialista no assunto, percebi em poucos segundos que havia algo errado. E essa norma afetou várias de nossas filiais e prestadores de serviços, mas ninguém notou a raiz do problema: a interpretação errônea da lei. Eu fiquei assustada com o ocorrido, pois várias pessoas trabalharam com base naquela norma sem parar por um segundo para analisá-la.

Daí, quando você citou que 'segundo Kohlberg, apenas 5% dos adultos são legitimamente autônomos', eu consegui entender a real dimensão do problema. E isso explica a sua conclusão: as pessoas simplesmente não sabem mais pensar...".

Entre os muitos exemplos que poderiam ser citados, escolhi esse relato porque de forma simples e objetiva, a executiva parece ter observado, na prática, o fenômeno em questão ao qual me referi anteriormente. E que acontece não só entre estudantes universitários e/ou religiosos fervorosos, mas com todos nós... e, **no mundo corporativo, em todas as escalas da hierarquia**. Segundo relatório da mesma pesquisa anteriormente citada, entre os profissionais que ocupam cargos de direção ou gerência, apenas 59% fazem parte do grupo de pessoas *proficientes* ou *intermediárias* quanto ao nível de alfabetização (alfabetizados funcionais). Esse dado reforça a possibilidade de que muitos indivíduos, mesmo em cargos elevados, possam fazer interpretações equivocadas, que levariam a decisões também equivocadas -, cujo prejuízo é sempre proporcional à responsabilidade do posto ocupado.

RESUMO DA TABELA DE DISTRIBUIÇÃO DA POPULAÇÃO
PESQUISADA POR TIPO DE OCUPAÇÃO E GRUPO DE ALFABETISMO

OCUPAÇÃO	ANALFABETO	RUDIMENTAR	ELEMENTAR	INTERMEDIÁRIO	PROFICIENTE
DIRETORES, GERENTES E ESPECIALISTAS COM NÍVEL SUPERIOR	2%	11%	28%	34%	25%

Fonte: Instituto Paulo Montenegro/Ação Social do IBOPE
INAF – Indicador de Alfabetismo Funcional

Pensamento abstrato

O **pensamento abstrato** é a forma final e mais sofisticada da nossa capacidade cognitiva. Pelo menos foi assim que definiu o psicólogo suíço, Jean Piaget, ainda considerado o principal teórico da inteligência humana. Howard

Gardner (teórico das Inteligências Múltiplas), Daniel Goleman (teórico da Inteligência Emocional) e muitos outros mais atuais são seguidores da escola construtivista, inaugurada por Piaget.

Portanto, é realmente incrível imaginar que podemos chegar a viver uma vida inteira, **aprisionados a um estágio do pensamento ainda "inacabado", sem nos dar conta disso: o *pensamento concreto*.** O que dificulta não só a capacidade de raciocinar sobre normas e regras com o devido *bom senso* (autonomia moral), mas também impede a possibilidade de voos mais altos e mais arrojados. Afinal, todas as possibilidades realmente criativas do ser humano (autonomia intelectual) estão vinculadas à sua capacidade de abstração.

Darwin assassinou Deus?

No final do século XIX, o naturalista inglês Charles Darwin apresentou ao mundo a Teoria da Evolução no livro *A Origem das Espécies* – causando nada menos do que uma tempestiva polêmica que perdura até os dias atuais. Isso porque, sua tese *aparentemente* se confronta com a visão criacionista do Universo e, portanto, "ameaça" a versão bíblica que aponta a existência de um Deus que criou o Universo inteirinho em apenas seis dias, descansando no sétimo.

A partir desse marco (a Teoria da Evolução), consagrado como um dos principais paradigmas da ciência, podemos dizer que boa parte do mundo ficou dividida entre correntes cada vez mais extremistas: de um lado, os ateus radicais, nomeados atualmente "ultradarwinistas", que defendem a tese de que Deus não existe e que toda a criação aconteceu puramente ao acaso; de outro, os criacionistas, que aceitam como única verdade o relato bíblico sobre a criação do Universo. Entretanto, será mesmo que a incompatibilidade entre as duas versões é total? E, principalmente, será que um evolucionista é alguém que, necessariamente, nega a existência de Deus?

Antes de responder tais questões, vale a pena retomar os principais eixos que sustentam a teoria darwiniana:

A luta pela sobrevivência: principalmente no sentido de adaptação ao ambiente, que muda constantemente;

A seleção natural: na qual vence o mais adaptado às mudanças ambientais e não o "mais forte" em termos de "músculos", como supõe o senso comum)

A herança genética transmitida de geração em geração: que carrega as modificações necessárias à adaptação do organismo ao ambiente;

A variação que vai surgindo dentro das espécies: que faz com que animais distintos possam ter um único ancestral em comum.

Já para os criacionistas, a teoria sobre a criação do Universo está descrita no livro do Gênesis, primeiro livro do antigo testamento, que narra a origem de todas as coisas. Em resumo, esse texto explica a criação da seguinte forma:

- No primeiro dia, Deus fez a luz e dividiu o dia e a noite.
- No segundo dia criou o céu.
- No terceiro dia fez a terra, o mar, as plantas e as árvores.

- No quarto dia fez o Sol, a Lua e as estrelas.
- No quinto dia fez as aves e os peixes.
- No sexto dia criou todos os animais, o homem e a mulher (Adão e Eva).
- E, no sétimo dia, Deus descansou.

E agora? Para acreditar em Deus é preciso negar a ciência? Pois essa incompatibilidade, aparentemente radical, é questionada por alguns pensadores e críticos atuais – e de épocas mais remotas. E, independentemente da consistência de suas versões, o que chama a atenção é o argumento no qual afirmam que a Bíblia deveria ser lida como uma *metáfora*, e não como uma história para ser interpretada *ao pé da letra*.

Conor Cunningham[4], professor de Teologia e Filosofia é um dos principais pensadores que debate a pergunta: Darwin assassinou Deus? E para embasar seus argumentos ele cita um filósofo judeu-helenista chamado Fílon de Alexandria. O filósofo, segundo o professor, foi um dos primeiros a observar que na Bíblia havia passagens que se contradiziam. E ele viu nisso um indício de como a Bíblia deveria ser lida, e não como um equívoco. Isto é, sempre haverá um significado literal e um outro mais alegórico, capaz de transmitir um sentido mais profundo. E, por essa mesma razão, o significado alegórico será sempre muito mais relevante do que qualquer interpretação ao pé da letra.

---

4 **Conor Cunningham** é professor doutor e diretor assistente do Centro de Teologia e Filosofia da Universidade de Nottingham, na Inglaterra. Seu trabalho ficou conhecido ao escrever e apresentar o consagrado documentário da BBC ***Darwin assassinou Deus?***

Santo Agostinho[5] também fez advertências para se evitar a interpretação literal da Bíblia, pois, na sua explicação, isso levaria a uma visão empobrecida sobre a criação do Universo. Em suma, o que os pensadores dizem é que o uso de figuras de linguagem[6] foi um artifício necessário, inevitável, para dar conta do desafio de exprimir em palavras a grandeza e a beleza da Criação, em toda a sua complexidade.

A Bíblia, portanto, seria uma metáfora que poeticamente exprime a beleza da Criação, enquanto a Teoria da Evolução é uma explicação mais próxima da ciência, que mostra a inteligência de um ser absolutamente superior, que inventou um Universo e a vida em constante evolução, em uma riqueza de detalhes e num grau de complexidade que nossas limitações, singularmente humanas, têm dificuldade em compreender. Visto isso, na conclusão de Cunningham, não há conflito algum entre "crer em Deus como o criador do Universo e, ao mesmo tempo, compreender a

---

5 Conhecido como **Santo Agostinho**, Agostinho de Hipona foi um dos mais importantes teólogos e filósofos dos primeiros anos do cristianismo. Ele era o bispo de Hipona.

6 **Figuras de linguagem** são recursos de expressão, utilizados por um escritor, com o objetivo de ampliar o significado dos termos, ou também para suprir a falta de um vocabulário adequado. É um recurso também usado para dar grande expressividade ao texto.

evolução como o processo pelo qual, Deus permite o desdobramento da vida".

Esses posicionamentos, portanto, nos levam a uma questão distinta: não seria a existência do sofrimento que permeia a vida, às vezes extremo, ao qual seres humanos, incluindo crianças e inocentes, são submetidos, esse sim, o maior desafio para o que chamamos de Fé? E isso nada tem a ver com a Teoria da Evolução, pois o próprio Darwin cita mais de uma vez a existência de um criador:

"Ora, como a seleção natural atua apenas para o bem de cada indivíduo, todas as qualidades corporais e intelectuais devem tender a progredir para a perfeição... Não há uma verdadeira grandeza nesta forma de considerar a vida, com seus poderes diversos atribuídos ao criador"?

Podemos então supor que boa parte do conflito não acontece por causa da divergência entre as teorias (evolucionismo x criacionismo), mas porque muitos indivíduos aceitam *exclusivamente* a versão bíblica em sua interpretação literal. Radicalismo religioso ou predominância do pensamento concreto? *Por que resistir a uma interpretação mais abstrata? Por que resistir a qualquer possibilidade de diálogo e de aproximação entre as abordagens?* E, à medida que os exemplos se expandem, menos absurda vai ficando a hipótese de que nós, indivíduos adultos, muitas vezes raciocinamos ainda aprisionados ao pensamento concreto. O que também corrobora com a tese de Kohlberg, pois, como já dito, o raciocínio abstrato é condição fundamental para se exercer o pensamento autônomo.

Estágios do pensamento

De acordo com o construtivismo, a inteligência não é basicamente hereditária (como se acreditou por muito tempo e, algumas correntes, ainda hoje apostam nessa tese). Trazemos em nossa bagagem genética um potencial que vai se desenvolver (ou não) de acordo com as interações do indivíduo com o meio. Sendo assim, tudo vai depender da riqueza e da qualidade dos estímulos que serão apresentados ao indivíduo e, sobretudo, do seu esforço para adaptar-se às novas situações. É na tentativa de resolver os problemas que vão surgindo, que o cérebro, cada vez mais, desenvolve novas estruturas cognitivas[7]. Isto é, a inteligência é construída, passo a passo, por meio desse intercâmbio do sujeito com o ambiente.

Essa construção da inteligência ocorre em etapas (daí o nome construtivismo), cujos desafios são gradativos. Sendo assim, cada estágio atingido servirá de base para o estágio posterior. Piaget divide o processo em quatro momentos distintos:

Sensório-motor: pensamento rudimentar;

Pré-operatório: pensamento anímico e simbólico;

Operatório concreto: pensamento lógico, mas ainda preso a imagens concretas;

Operatório formal: pensamento abstrato.

---

[7] **Estruturas cognitivas** são estruturas mentais envolvidas no aprendizado, na capacidade de se adquirir conhecimento, tais como: atenção, memória, raciocínio, entre outras.

O sensório-motor

Nos primeiros anos de vida a criança é extremamente egocêntrica, pois percebe o mundo ao seu redor como uma extensão de si mesma – sendo ela, obviamente, o centro do Universo. O pensamento ainda é muito rudimentar e, o principal aprendizado dessa fase, consiste em perceber que há uma separação entre seu corpo e o ambiente físico que o cerca. Piaget chamou essa forma de perceber o mundo de *"egocentrismo inconsciente integral"*. São as experiências do dia a dia que levam essa criança a desenvolver a consciência de seu contorno corporal, que a separa de todo o resto. Isto é, uma compreensão inicial de que existe um "EU" e um "NÃO EU". Algo como puxar o cabelo e sentir dor, puxar o lençol e não sentir nada; morder e morder o brinquedo e, de repente, morder o dedão do pé e sentir dor de novo. São vivências que, quando somadas, ajudam essa criança a reconhecer a si mesma, diferenciando-se dos demais objetos e dos outros seres.

É também nessa fase que a criança adquire noções de distância, de profundidade, e passa a perceber a integração entre sons e visão, isto é, a associação entre o que vê com o que ouve ou toca. Contudo, o grande desafio de sua existência está apenas começando, pois falta construir uma *identidade* para esse corpo que ela começa a reconhecer como seu, ao longo de um processo de autoconhecimento, que jamais se concluirá. Mais do que isso, é preciso **descentralizar o ego**, percebendo-se como parte de um todo, de um universo no qual coexistem outros seres humanos, também dotados de inteligência e de vontade própria, com os quais ela terá de conviver e compartilhar o mesmo espaço.

O pré-operatório

O pensamento *pré-operatório* já é mais rico do ponto de vista cognitivo, em relação ao anterior, sobretudo por conta do desenvolvimento da linguagem verbal. Mas ainda apresenta, obviamente, traços predominantemente infantilizados, tais como o pensamento anímico, no qual a criança atribui características humanas aos objetos. Ela vai dizer, por exemplo, que o bule escorrendo gotas de vapor "está chorando" e que a mesa (onde ela bateu o pé) é "boba, feia e chata".

A principal conquista dessa etapa é a capacidade simbólica do pensamento. E isso acontece no ato de brincar. Não é à toa que especialistas em educação reforçam a importância do lúdico para o desenvolvimento. A criança brinca com uma caixa de fósforos e imagina que é um carro. Uma simples caneta pode transformar-se em um incrível avião. Mais tarde, na fase adulta, por já ter bem desenvolvida essa capacidade simbólica, uma aliança representará muito mais, do que um simples anel, por exemplo. O simbolismo permeia a vida adulta, porque ele é a base, inclusive, de todos os rituais. Paulo Freire[8] dizia que o homem é um fazedor de cultura. E cultura é a capacidade de simbolizar, isto é, de atribuir significado aos objetos. Vygotsky[9] também se referia ao homem como "um ser cultural", sendo essa a principal característica que nos distingue dos outros animais.

O operatório concreto

Neste penúltimo estágio (***operatório concreto***), certamente houve uma superação imensa em relação aos níveis anteriores, e a inteligência está muito mais estruturada. A criança agora está pronta para aprender as operações matemáticas de soma, subtração, multiplicação e divisão – e algumas questões que envolvem o ***pensamento lógico*** também

---

8 **Paulo Freire**, educador brasileiro, destacou-se por seu trabalho na área da educação popular, voltada tanto para a escolarização, como também para a *formação da consciência*. É considerado um dos pensadores mais notáveis na história da pedagogia mundial, tendo influenciado o movimento denominado *pedagogia crítica*.

9 **Lev Vygotsky** foi educador, psicólogo e pesquisador russo. Sua teoria se baseia no desenvolvimento do indivíduo como resultado de um processo social e histórico. Para ele, a formação dos conceitos e significados envolve, sobretudo, as relações entre pensamento e linguagem e o papel da escola na transmissão desses conceitos.

já podem ser compreendidas –, o que antes era impossível. Entretanto, ainda é necessário contar com objetos concretos para esse feito. Por exemplo: embora capaz de colocar em ordem crescente bonecas ou carrinhos, de diferentes alturas ou tamanhos, ainda vai levar um tempo para que possa compreender que: se A>B e B>C, logo A>C.

É nessa fase também que ocorre uma maior assimilação das regras em geral – processo iniciado no *pré-operatório*. E isso ocorre com a ajuda dos jogos e do incremento do processo de socialização, à medida que o círculo de amizades aumenta e as brincadeiras se tornam ainda mais interativas. Não existe jogo sem regras. O futebol, por exemplo, tem um conjunto de regras que designam impedimento, escanteio, falta para cartão amarelo, falta para cartão vermelho etc. Jogar, portanto, é relacionar-se com um conjunto de regras – o que possibilita à criança perceber a importância delas para a organização e o convívio em grupo. No entanto, as regras de convívio, em geral, estão em processo de internalização e, por essa razão, ainda não se é capaz de ter a flexibilidade mental necessária para equacioná-las. Isto é, aplicá-las de acordo com às necessidades, às circunstâncias e, inclusive, analisar as exceções.

Justamente por haver uma predominância do ***pensamento concreto*** é que a interpretação dos conceitos e das regras ainda é muito literal, ou seja, ao pé da letra. Segundo a dinâmica natural do desenvolvimento, todos nós, indivíduos adultos, já deveríamos ter superado por completo essa fase. Mas, infelizmente, não é bem assim que acontece. E isso explica a compreensão superficial, limitada ou até mesmo equivocada dos textos quando escritos por metáforas. Explica também o nível de interpretação dos estudantes universitários, diante da letra de Chico Buarque, muito aquém do esperado para a sua fase.

O operatório formal

Já o estágio ***operatório formal***, o último a ser atingido, este sim é caracterizado pela **capacidade de abstração do pensamento**. Somente aqui é possível compreender conceitos que vão se tornando cada vez mais complexos, à medida que o conhecimento se expande.

É importante ressaltar que, embora o ***operatório formal*** seja a etapa final da construção da inteligência, isso não quer dizer que exista um limite para o nosso potencial mental. Muito pelo contrário, **pois é justamente quando se atinge o pensamento abstrato que as possibilidades se tornam infinitas.** E o cerne da criatividade humana depende muito disso. Pesquisas avançadas têm mostrado, cada vez mais, que os animais possuem uma inteligência muito maior do que se imaginava em termos de memória, de comunicação, de compreensão e até mesmo de estratégia. Mas não alcançam, nem de longe, a capacidade inventiva do ser humano, obviamente.

O homem é também o único ser vivo com aptidão para ser um visionário, por ser capaz de viajar no tempo e no espaço, dentro de sua mente. O reconhecimento de haver presente, passado e futuro existe apenas no universo das "funções cognitivas superiores" – termo utilizado por Vygotsky, para diferenciar a inteligência humana da inteligência animal. Tal capacidade permite analisar o ontem, aprender com ele, para então antecipar fatos e começar agora, no hoje, a "desenhar" o amanhã. Alguém consegue imaginar um animal altamente adestrado, que memorizou inúmeros comandos, ser capaz de planejar o seu futuro?

É também o pensamento abstrato que permite, como já dito, interpretar normas e regras de conduta com mais autonomia. Pois o pensamento concreto, (que também é literal), às vezes anula o *bom senso* exigido na adequação da regra, quando aplicada à realidade objetiva. Ou seja, na prática do dia a dia, é preciso sempre fazer uma adaptação às necessidades do ambiente, equacionando limites éticos e resultados satisfatórios. Contudo, realizar essa equação (interpretação/adequação/ética/resultado) só é possível no universo da abstração, pois exige um grau de flexibilidade que a rigidez do pensamento concreto ainda não alcança.

Segundo Paulo Freire, a capacidade de abstração advém da consciência crítica, fruto da curiosidade e do conhecimento, que produz opiniões sobre o que é percebido. Tal conhecimento (produzido pela abstração), permite a inteligibilidade e a comunicabilidade entre os indivíduos. Mais do que isso, ele afirma que é somente essa consciência crítica que permite abstrair a *condição vivida*, para, então, se perceber a *condição desejada*.

Pensamento concreto não é destino

Para quem não é da área da Educação, ou nunca parou para observar como a criança pensa – questão central do objeto de pesquisa de Piaget –, talvez se surpreenda, ou ache "engraçadinho", o modo como ela interpreta os conceitos em determinada idade. Por exemplo: a maioria das crianças, no início do ensino fundamental, entende o descobrimento do Brasil da seguinte forma: havia uma espécie de "pano" ou "lona" sobre o Brasil. E, Pedro Álvares Cabral, foi quem retirou esse pano e "descobriu" o Brasil. É desse modo, absolutamente literal, que muitas crianças "compreendem" o descobrimento do país. Só que nesse caso, podemos, sim, achar graça (diferentemente do ocorrido com os universitários), pois todos nós passamos por esse estágio de concretude na infância. A questão, portanto, a ser levantada é: por que alguns indivíduos conservam resquícios tão acentuados desse estágio?

Responder a essa pergunta não é tarefa simples e, de fato, ainda não existe uma explicação consistente, formulada por estudiosos da área. Também acredito que, dificilmente, poderíamos apontar um único motivo isolado. Sem dúvida, um conjunto de fatores entra em jogo. Entretanto, *a ausência do hábito da leitura*, somada a algumas falhas no processo educativo, parecem ser aspectos de peso para compor este cenário.

Sabe-se que houve uma revisão do modelo pedagógico nas últimas décadas, perante a influência humanista de Carl Rogers e Alexander Neill, do construtivismo de Piaget e do socioconstrutivismo de Vygotsky e Paulo Freire. Somente a título de ilustração – e para que se possa compreender, ainda que de forma sucinta essa transformação –, podemos resumi-la da seguinte forma: a escola tradicional se concentrava em aulas expositivas e exercícios de fixação, cabendo ao aluno um papel predominantemente passivo. Paulo Freire classificou essa forma de "ensino" de "educação bancária", na qual o professor "deposita" o conteúdo e depois "saca" por meio de provas e avaliações orais. E um processo educativo conduzido dessa forma, leva ao que Freire – em uma crítica severa – chamou de "homem-lata": um receptor passivo, que se desenvolve unicamente alicerçado em acúmulos de informação e não em reflexões. O "homem-lata" é aquele que aceita tudo com facilidade, não questiona e não se posiciona diante dos desafios e obstáculos.

À medida que essa metodologia foi sendo revista, surgiu a proposta para que as aulas se tornassem dialógicas. Isto é, exigindo mais participação do aluno que, por sua vez, agora é convidado a refletir e a debater sobre diversos temas, sendo estimulado a solucionar problemas e trocar experiências, de modo que se possa **construir conhecimento**, em uma **relação horizontal** com o professor.

Contudo, até que ponto essa revisão pedagógica efetivamente se concretizou na prática? No ensino médio, por exemplo, há um modelo educativo cujo foco é passar no vestibular. Alguns professores apenas "despejam" conteúdos e enchem as lousas com exercícios de fixação e questões que podem "cair na prova". Cursinhos contratam profissionais que fazem o estilo "showman", ensinando versões musicais que ajudam a *decorar* fórmulas de física, química, matemática etc. E nessa "corrida maluca", as aulas se tornam menos dialógicas e reflexivas, pois a máquina de colocar aluno na faculdade, em especial a das instituições particulares, não pode parar.

Já o ensino público, por sua vez, nem sempre dispõe dos mesmos recursos que as escolas particulares possuem. E o acesso à informação e à diversidade cultural, nas camadas menos favorecidas da população, é também mais restrito. Provavelmente, esses fatores contribuem para que o momento no qual os jovens poderiam dar saltos cognitivos no nível da criatividade, da abstração e da firmação do pensamento crítico, seja substituído por uma pressão competitiva, conduzida de forma questionável e/ou automatizada.

Será que existe, de fato, uma educação que leve em conta a importância da ***autonomia*** e, respectivamente, do autoconhecimento e da cooperação? Será que existe uma educação com espaço para se falar de afeto, de crenças, de tolerância (política, religiosa, sexual, racial e de gênero) e de ética, no sentido mais profundo? Será, também, que o vandalismo – cada vez mais frequente nos trotes acadêmicos – tem algo a ver com esse processo educativo? Afinal, estudantes que passam nos vestibulares mais concorridos como o de medicina, por exemplo – cujo objetivo primordial é manter a saúde e salvar vidas –, cometem transgressões gravíssimas, submetendo seus colegas a tormentos e riscos. Uma conduta totalmente oposta aos valores que deveriam salvaguardar.

E é claro que o ensino médio nem sempre vai dar conta das lacunas do ensino fundamental, que também precisa ser revisto em alguns aspectos. Por volta dos anos 1970, havia uma disciplina chamada Educação Moral e Cívica, cujo objetivo era, pelo menos *a priori*, transmitir conceitos de **ética** e de **cidadania** (algo nada menos que fundamental). Mas como a ditadura militar acabava por manipular esses conteúdos, eles foram extintos nos anos 1990. E, até agora, o que foi acrescentado à grade curricular para substituí-los? Esses temas são irrelevantes?

Em muitas escolas, nos dias atuais, a criança ainda precisa decorar para a prova coisas do tipo: "o tubo digestivo da minhoca". E, no dia seguinte, já esqueceu toda a matéria, porque não tinha nenhum significado para ela – nenhuma aplicabilidade na sua realidade objetiva. O que faz com que esse conteúdo, cá entre nós, nada atraente, adormeça a curiosidade e o prazer em conhecer coisas novas, que é natural e espontânea em um ser em desenvolvimento. O livro

Na Vida Dez, na Escola Zero[10] mostra o trabalho de pesquisadores que se dedicaram a confrontar o contexto escolar com a realidade cotidiana, identificando praticamente um abismo entre os dois. A principal questão que levantaram foi: "O que fazer na escola se constatamos que as crianças sabem mais matemática fora da sala de aula?" Esta pergunta surgiu, a partir do momento em que identificaram alunos que fracassam na escola – especialmente em matemática –, mas demonstram acertos nas mesmas operações aritméticas em situações cotidianas: dando troco na feira, por exemplo.

Rubem Alves[11] também faz uma contundente crítica a essa questão, expondo seu desabafo: "Não me lembro das classificações das rochas. Lembro-me dos nomes 'dolomitas' e 'piroclásticas', mas não sei o que significam... Não sei fazer raiz quadrada. Não sei onde se encontra a Serra da Mata da Corda... sei pouquíssimo de análise sintática, o que não me fez falta para escrever. Escrevo com meu ouvido. Acho que dos 100% de saberes que as escolas tentaram enfiar dentro de mim, só sobrariam 10%".

Em resumo, temos um cenário no qual a educação parece não dar conta de cumprir seu papel fundamental, onde aprimoramento moral e intelectual deveriam caminhar lado a lado. Ainda não somos capazes de prover o desenvolvimento de pessoas autônomas, com pensamentos crítico e criativo consistentes e, ao mesmo tempo, sólidos valores morais.

---

10 *Na Vida Dez, na Escola Zero* é um livro publicado pelos educadores e pesquisadores Terezinha Carraher, David Carraher e Analúcia Schliemann.

11 **Rubem Alves**, educador, psicanalista, mestre em teologia, doutor em filosofia e escritor brasileiro autor de cerca de 90 livros e crônicas que abordam temas religiosos, educacionais e existenciais, além de uma série de livros infantis. Muitos de seus livros foram publicados em inglês, francês, italiano, espanhol, alemão e romeno.

Por fim, vale ressaltar que quando há algum tipo de atraso cognitivo, causado por questões de origem genética e/ou neurológica, a tendência é fazer com que esses indivíduos estacionem em estágios ainda muito rudimentares do pensamento. Sendo assim, a boa notícia, de certa forma, é que para todos nós – adultos que, por alguma razão, ainda carregamos resquícios do pensamento concreto –, atingir estágios mais sofisticados de pensamento abstrato e de autonomia depende, apenas, de estímulos adequados para esse fim. É sempre possível despertar esse potencial que ainda não desabrochou por completo. Afinal, o pensamento concreto é somente uma etapa do desenvolvimento cognitivo – e não um destino.

CAPÍTULO 2

A CONSTRUÇÃO DA AUTONOMIA

Autonomia: vamos falar a mesma língua?

Desenvolver pessoas autônomas é sempre um desafio, em qualquer contexto (familiar, escolar etc.). E esse desafio é também muito grande para quem trabalha com educação corporativa. Pois tenho observado que muitos profissionais interpretam o conceito de variadas formas. Em geral, os colaboradores (quando avisados de que terão mais autonomia) reagem mais ou menos assim: "Oba! Agora vou fazer o que eu quero"; "Agora ninguém mais manda em mim"; "Agora eu mando no meu setor". Em outras palavras, eles traduzem autonomia como sinônimo de *liberdade* e de *voz de comando*.

AUTONOMIA, RESILIÊNCIA E PROTAGONISMO

Por sua vez, os que ocupam cargos de liderança também se mostram receptivos à ideia, afirmando querer pessoas mais "autônomas" em sua equipe. Porém, muitas vezes, desejam apenas poder contar com profissionais que tenham um pouco mais de iniciativa, que sejam proativos. Obviamente, por esse mesmo motivo, esses líderes ainda não estão preparados para lidar com um profissional realmente autônomo. Pois o pensamento autônomo é crítico e elaborado, de modo que, dificilmente, passarão despercebidas algumas incoerências na estratégia de atuação, ordens contraditórias ou sem sentido, regras inúteis ou inflexíveis que já deveriam ter sido revistas etc. Em meio a tantas divergências de entendimento e de expectativas (sobre o significado da autonomia), ergue-se no ambiente de trabalho uma espécie de "Torre de Babel"[12]. Afinal, as pessoas estão falando línguas diferentes.

12 **Torre de Babel**: a palavra "Babel" tem origem hebraica e significa confusão. A história da Torre de Babel é uma passagem bíblica. De acordo com as escrituras, toda a Terra possuía uma mesma língua, um único idioma. Acontece, porém, que os homens resolveram construir uma torre cujo topo tocasse os céus, com o objetivo de alcançar Deus. Por sua vez, Deus zangou-se com esse propósito e criou as diferentes línguas, impedindo a comunicação. E a torre acabou não sendo construída.

Uma organização, um grupo religioso ou político, uma repartição pública ou qualquer outro lugar possível, no qual cada um faz o quer, caracteriza uma *anarquia*[13]. Assim como uma pessoa que somente faz o que tem vontade – desrespeitando regras básicas e violando direitos humanos – apresenta traços de *psicopatia*. E, nos dois casos, isso nada tem a ver com o sentido mais profundo da autonomia.

O cerne da autonomia tem uma dimensão mais abrangente do que se imagina – e que inclui boa dose de proatividade (capacidade de tomar iniciativa). Porém, é preciso levar em conta que uma pessoa autônoma, certamente terá uma postura proativa, mas uma pessoa proativa não será, necessariamente, uma pessoa autônoma. Pois um indivíduo autônomo, além de ser proativo, possuirá um conjunto de qualidades e competências que vão além. Podemos então dizer, que entender a *proatividade* como sinônimo de autonomia é subestimar o conceito. E, considerar a autonomia uma "liberdade para fazer o que se quer" é marginalizar o conceito. Por essas e outras razões, faz-se necessário um alinhamento objetivo, de modo que líderes e suas equipes possam *falar a mesma língua*.

---

13 **Anarquia** designa um sistema político que não possui nenhum tipo de autoridade vigente. Ausência de governo e de governante. Caracteriza-se pela ausência de regras, leis, organização e sistemas de controle.

Vamos à etimologia da palavra autonomia: *auto* quer dizer *por si mesmo* e *nomia* vem do grego *nomós* que significa *ordem* ou *governo*. Assim, essa junção pode ser traduzida como "governar a si mesmo". E é sobre o profundo significado desse "governar a si mesmo" que é preciso chegar a um entendimento comum, sem o qual não será possível caminhar na mesma direção. Para tanto, é preciso rever os significados atribuídos ao termo, não só no mundo corporativo, mas também pelo senso comum, tais como: morar sozinho, pagar as próprias contas, ser o dono do próprio negócio, ser livre para não ter que dar satisfação a ninguém etc.

Como muitos imaginam, autonomia e liberdade têm realmente algo em comum. Mas, sobretudo, no que diz respeito à liberdade de pensamento, de fazer escolhas e de emitir julgamentos morais, independentemente das inúmeras formas de condicionamento social. **Quanto mais autônoma for uma pessoa, menos ela será manipulada por pressões externas e, portanto, mais ela será dona de si.**

Ao mesmo tempo, porém, ela também será mais responsável por suas decisões e posicionamentos. Nas palavras de Kohlberg:

"A autonomia ou liberdade humana se fundamenta na compreensão intelectual da natureza de nós mesmos e não na vontade livre. Esse entendimento traz consigo uma certa liberdade moral a cada indivíduo".

Dimensões da autonomia

Didaticamente podemos dizer que a capacidade autônoma de um indivíduo encontra expressão em dois campos: o moral e o intelectual. Aristóteles[14] foi o primeiro pensador a distinguir a virtude moral da virtude intelectual. A *dimensão moral*, diz respeito à capacidade de avaliar regras e normas de conduta, de acordo com a especificidade de cada situação. Por exemplo: mentir é certo, ou errado? *Mentir é moralmente errado*. Mas quando alguém me prepara um jantar com todo o carinho e pergunta se está bom, o que devo responder se não gostei do sabor? Nesse caso, é a autonomia moral do indivíduo que vai decidir se dar uma resposta "mentirosa" é uma transgressão, ou uma questão, apenas, de cuidado com o outro.

Já a *dimensão intelectual* é a que nos possibilita questionar "verdades" aparentemente absolutas, ou seja, é a manifestação do pensamento crítico e também a base da racionalidade que alicerça a lógica, a coerência e, até mesmo, o conhecimento científico. E isso nos permite chegar a um

---
14 **Aristóteles** (385-322 a.C.) foi um filósofo grego, aluno de Platão.

saber muito mais consistente do que meras especulações, muitas vezes ingênuas ou equivocadas. Um bom exemplo de autonomia intelectual é Nicolau Copérnico que, contrariando uma "verdade" de sua época, afirmou que o Sol era o centro do sistema solar, e não a Terra, como até então se acreditava. Isso porque, a dimensão intelectual da autonomia também é responsável pelo pensamento original, livre de condicionamentos acadêmicos, culturais e sociais – o que possibilita "pensar fora da caixa". Em geral, quanto mais desenvolvida a autonomia intelectual de um indivíduo, mais sofisticada a sua capacidade inventiva.

Contudo, abordar separadamente essas duas dimensões (moral e intelectual), atende apenas a um objetivo didático, mas não a um propósito maior. Pois o ser humano pode e deve buscar um desenvolvimento global. Isso porque, quando lapidadas essas duas dimensões, absolutamente interligadas, **um outro estágio de consciência é atingido. E isso transforma a relação desse indivíduo consigo mesmo e, consequentemente, com o modo de conduzir a sua própria vida: eis o início do que também vamos chamar de *protagonismo*.**

Mahatma Gandhi[15] foi educado sob os preceitos do hinduísmo. Muito provavelmente para seus pais e pessoas de sua convivência, essa talvez fosse a única verdade espiritual a ser seguida. Só que desde muito jovem ele já questionava uma sociedade formada por castas, cuja estrutura determinava a seguinte divisão: os *brâmanes* (sacerdotes), os

---

15 **Mahatma Gandhi** liderou o movimento de libertação da Índia após muitos anos de exploração britânica. Sua estratégia desafiou o exército inglês, de forma absolutamente pacífica. Ele desenvolveu o método da *resistência civil*, baseado nos princípios da não cooperação e da não violência. (Mahatma quer dizer "grande alma".)

xátrias (guerreiros), os *vaixás* (mercadores e agricultores), os *sudras* (artesãos) e os "intocáveis", assim chamados, porque nenhuma outra casta hindu poderia tocá-los pessoalmente, nem qualquer coisa que tivesse contato com eles. Eram forçados a viver nos piores lugares e a realizar os trabalhos mais degradantes, como limpar esgotos ou remover cadáveres. Gandhi considerava a intocabilidade uma mácula no hinduísmo e fazia de tudo para eliminá-la. Por várias vezes viajou pelo país hospedando-se na casa de intocáveis como forma de protesto e contestação ao preconceito que sofriam. Ele lutava pela eliminação total do sistema de castas. E, mesmo na prisão, nunca deixou de defender os direitos dos intocáveis.

Diante de tal postura, podemos dizer que do ponto de vista intelectual, na sua avaliação crítica, isso para Gandhi não era uma verdade, mas uma convenção. E do ponto de vista moral, para ele tratava-se de uma grande injustiça. Gandhi percebeu e reagiu a tudo isso, porque gozava do genuíno pensamento autônomo – que o libertava da alienação. E isso fez dele nada menos do que um dos maiores líderes da humanidade. Um ser humano absolutamente capaz de equilibrar, em sua luta política, a beleza da conduta ética com a competência necessária para se atingir resultados aparentemente impossíveis. Por ser um homem fortalecido nessas duas dimensões, ele exerceu sua influência para unir hindus e muçulmanos, no ideal de libertação da Índia, do domínio britânico. Gandhi realizou a proeza de declarar uma "guerra", na qual seus seguidores saíram vitoriosos, sem derramar uma única gota de sangue, e sem cometer um gesto sequer de violência.

Anomia, heteronomia e autonomia

Sob a perspectiva psicológica do desenvolvimento humano, Piaget foi quem forneceu o principal embasamento sobre a construção da autonomia. E ele divide esse processo em três etapas básicas:

- **ANOMIA** ("a" = ausência, negação + "nomia" = normas, regras; A/NOMIA = ausência de normas e de regras)
- **HETERONOMIA** ("hetero" = outro, o que vem de fora. HETERO/NOMIA = as normas são ditadas por outros indivíduos)
- **AUTONOMIA** ("auto" = si mesmo. AUTO/NOMIA = as normas são ditadas por si mesmo, passando pelo crivo da consciência)

Anomia

No estágio que vai do nascimento aos 2 anos de idade, mais ou menos, a criança é extremamente egocêntrica e, obviamente, ainda não tem a menor consciência sobre a existência de regras e normas de conduta, tampouco o que significam e o que podemos chamar de princípios e de valores morais. É um estágio ainda rudimentar, chamado de **anomia**. E pelo qual todos nós seres humanos passamos um dia, cujo pensamento também ainda é muito primitivo, caótico e desorganizado.

Alguns seres humanos – por razões complexas e, sobretudo, difíceis de serem explicadas por uma única teoria –, do ponto de vista moral, pouco superaram as limitações da **anomia** e do seu respectivo *egocentrismo* (explicado no estágio sensório-motor). Sendo assim, pensam que o mundo gira exclusivamente ao redor de si mesmos e que "alguma coisa está fora da ordem mundial" quando seus desejos, soberanos, não são prontamente realizados. Só que na fase adulta, diferentemente de uma criança no início da vida, um padrão de conduta totalmente centralizado em si mesmo, e com total ausência de respeito às normas e aos valores morais, denuncia um severo desvio de caráter, podendo caracterizar até mesmo uma **psicopatia** (conceito que será explanado mais à frente).

Heteronomia

Posteriormente a essa fase inicial (pré-moral), mais ou menos entre os 2 e 7 anos de idade, começa a se estruturar o que Piaget chamou de "a primeira moral da criança", isto é, a *heteronomia*, cujas características centrais são:
- A obediência cega
- A ação moral é motivada pelo medo da punição
- As regras são interpretadas e aplicadas no sentido literal

AUTONOMIA, RESILIÊNCIA E PROTAGONISMO

Na visão da criança, os pais são seres soberanos e possuem o conhecimento absoluto do bem e do mal. São também os pais que apresentam as primeiras regras conhecidas por ela, que as recebe como "verdades incontestáveis". Nessa etapa, então, o entendimento do que é "certo" e o que é "errado" está diretamente relacionado ao que os pais "revelam" à criança. Desse modo, ela entende como "má" toda ação que represente uma desobediência aos pais e, por conseguinte, toda ação obediente é considerada "boa".

Trata-se, portanto, de uma moralidade na qual a criança é totalmente **governada pelo adulto**. E por essa razão é chamada de *hetero/nomia*, pois a orientação para as normas de conduta vem do outro, sendo, portanto, um processo externo, e não oriundo da própria consciência e da razão. Mesmo porque, na maioria das vezes, a criança obedece somente porque tem medo de receber uma punição de seus pais. Ela não quer, em hipótese alguma, ser privada de jogar seu videogame preferido, ficar sem a senha do Wi-Fi, ou algo assim. Sua obediência e suas "boas ações", nada tem a ver com a legítima intenção de não ferir os direitos dos outros. Ela ainda nem compreende o que isso significa.

Piaget também mostrou que o julgamento moral nessa fase tem critérios muito peculiares. Para essa criança, uma mentira surreal ou exagerada é sempre muito mais grave do que uma mentira mais próxima da realidade. Por exemplo: mentir que tirou boas notas é mais aceitável do que mentir dizendo que tem um cachorro muito maior do que um elefante. Isto é, quanto mais absurda for a mentira, mais ela será merecedora de severa punição. Já a intenção de enganar o outro, nem é levada em consideração. Mas isso tem uma explicação: essa criança carrega consigo resquícios do egocentrismo pertinente ao estágio inicial do desenvolvimento (o sensório-motor), e isso faz com que ainda não consiga se colocar no lugar do outro, para entender como se sentiria quando enganado.

Desenvolver a *empatia* é um aprendizado que ocorre ao longo do processo educacional e de socialização do indivíduo – e acontece, proporcionalmente, à descentralização do ego(centrismo), predominante nos primeiros anos de vida. À medida que esse aprendizado se constitui, a criança vai adotando novos critérios para julgar uma mentira. E a intenção de enganar o outro para se obter algum tipo de ganho pessoal, passa a ser levada em conta. Dito de outra forma, podemos dizer que para a criança heterônoma, uma "mentira de pescador" seria muito mais grave do que enganar alguém a respeito de seus sentimentos. Já no universo adulto, espera-se que esses valores se invertam.

No livro *O Juízo Moral na Criança*, Piaget relata as questões que formulava para entender a moralidade infantil. Coisas bem simples, do tipo: Quem está mais errada: a criança que quebrou uma pilha de pratos, sem querer, enquanto ajudava sua mãe a enxugar a louça, ou aquela que quebrou um único prato, porém de propósito? Pois a resposta predominante até mais ou menos os 5 anos de idade é que está "mais errada" a criança que quebrou uma pilha de pratos, merecendo, portanto, o pior castigo. Isto é, o critério de *quantidade* vale mais do que a *qualidade* da intenção que motivou a ação.

Notável, no entanto, é que nós adultos muitas vezes ainda raciocinamos dessa forma rudimentar. Quem nunca observou uma situação (em família, no trabalho etc.) na qual pessoas estavam sendo julgadas – e condenadas – sem que ninguém levasse em conta os motivos que as levaram a cometer os atos? Compreender não é o mesmo que inocentar. Mas considerar as *intenções* de quem cometeu a ação é fundamental para se fazer um julgamento justo, um julgamento equacionado.

Quem anteriormente à Piaget já se referia sobre a importância desse aspecto é o filósofo Immanuel Kant. Para Kant, uma ação só pode ser considerada, genuinamente, uma ação moral, se levarmos em conta a **intenção** que a motivou – e não somente o ato em si. Por exemplo: se um comerciante se vê diante de uma situação na qual poderia facilmente dar um troco errado a uma criança e não o faz, pensando nas consequências para o seu negócio, caso sua clientela venha a saber do ocorrido, sua ação é correta, mas não pode ser considerada uma ação moral. No entanto, se o comerciante for honesto por sentir-se mal em aproveitar-se da ingenuidade de uma criança, ainda que nunca ninguém venha a saber que ele teve essa oportunidade, mas escolheu ouvir sua consciência, aí, sim, podemos dizer que houve uma ação moral. E isso vale também para o inverso da situação. Isto é, se ele agir "corretamente", somente para depois fazer propaganda sobre seu caráter, sua intenção também não é moral, pois ele o fez apenas no intuito de promover a si mesmo.

Por fim, o estágio da heteronomia tem características próprias, que sinalizam a *rigidez presente no pensamento concreto*. Quando nós adultos, por alguma razão, estacionamos aqui, iremos interagir com o mundo adotando critérios que correspondem a essa imaturidade. E é isso que faz com que regras sejam executadas sem considerar o ambiente, as circunstâncias e a intenção das pessoas. Sobretudo, é também por conta dessa rigidez que muitos conceitos são interpretados ao pé da letra, sem que haja uma compreensão mais profunda de seus significados – o que permitiria uma aplicação mais acertada.

Autonomia

À medida que o indivíduo evolui para estágios mais avançados do pensamento, a orientação moral também se modifica. Ele deixa de ser **governado pelo adulto** e passa a **governar a si mesmo** (significado inferido pela própria etimologia da palavra autonomia). Isto é, esse indivíduo agora já desenvolveu critérios mais sofisticados para julgar "verdadeiro" e "falso", assim como o "certo" e o "errado", independentemente da opinião alheia.

Nesse processo, os pais, obviamente, deixam de ser vistos como "perfeitos" e passam a ser compreendidos como seres humanos que, como quaisquer outros, também podem cometer erros ou ter juízos equivocados. Sendo assim, esses pais também deixam de ser a única referência na vida do indivíduo, pois ele agora está mais crítico e mais aberto a enxergar o mundo sob outra ótica.

O medo de receber, ou não, uma punição (dos pais ou de respectivas figuras de autoridade) é substituído pela possibilidade de uma *autopunição*. Isso significa que, independentemente da presença de um observador externo, o indivíduo julgará a si mesmo, caso sua ação seja contrária ao que ordena a sua voz da ***consciência***. Trata-se de um processo absolutamente interno, no qual normas e regras passam a ser legitimadas pelo crivo da razão e dos valores consolidados pelo próprio sujeito. Essa é a legítima a autonomia.

A autonomia, portanto, configura a conquista de um estágio de independência e de maturidade moral e intelectual, cuja orientação agora vem de dentro do sujeito, e não mais de fora. É como se o indivíduo tivesse construído uma espécie de bússola interior, tornando-o capaz de orientar a si mesmo. Pois ele se tornou adulto e não mais estabelece uma relação de obediência aos pais. Ele os respeita. Pois esse adulto, agora, obedece a sua própria consciência, porém alinhada aos princípios éticos universais.

Visto isso, obedecer a consciência, nesse sentido, é bem diferente de: "Oba! Agora vou fazer o que eu quero". Muito pelo contrário. Pessoas autônomas têm um elevadíssimo grau de ***autocontrole***, sem o qual não poderiam justificar o termo: ***governar a si mesmo***. **E são, sobretudo, indivíduos que fazem o que é preciso, o que é melhor, o que é correto, mesmo quando não estão sendo vigiados ou cobrados. Pois quem atinge esse patamar de consciência** já é capaz de compreender o verdadeiro sentido da *responsabilidade* e do comprometimento, de modo a honrar os compromissos que estabelece.

De forma absolutamente sucinta, podemos resumir os conceitos até aqui abordados utilizando a seguinte analogia: Na *anomia*, o indivíduo dirige completamente alcoolizado porque, para ele, "dane-se" a lei. Na *heteronomia*, o indivíduo não dirige nesse estado porque teme ser multado e perder a sua habilitação. Já na *autonomia*, o indivíduo também não dirige assim, mas porque se preocupa legitimamente com os outros e, por essa razão, teme causar um acidente.

Adultos imaturos, desempenhos caóticos

Ao escrever meu primeiro livro sobre o tema *autonomia*, busquei inspiração em um personagem que adoro: o "Porteiro Zé"[16]. A intenção era, de forma leve e lúdica, ilustrar o comportamento de um adulto heterônomo que, do ponto de vista cognitivo, ainda é uma criança que está longe, mas muito longe, de alcançar o pensamento autônomo. Vale a pena retomar a atuação do "Porteiro Zé", imaginando-o no seguinte episódio:

O "Porteiro Zé" ao iniciar em seu novo emprego recebeu a seguinte ordem: jamais abandonar a portaria, em hipótese alguma. Pois aconteceu que um enorme vazamento na cozinha deixou uma moradora

---

16 O **"Porteiro Zé"** é uma criação dos humoristas André Leal, André Bernardes, Daniel Mantovani e Ricardo Ramos.

do oitavo andar transtornada. E ao ver seu apartamento praticamente alagado, ela interfona e de forma bastante autoritária, exige que o porteiro vá até o seu apartamento para resolver o problema. De início, ele até titubeia, mas diante da pressão, acaba cedendo. Feito o caos! O prédio todo buzinando querendo entrar ou sair da garagem e cadê o porteiro? Sumiu. É claro, então, que ele recebe sua primeira advertência. Alguns dias se passaram e acontece um incêndio no primeiro andar... a moradora está muito ferida, impedida de se locomover, o fogo está se aproximando velozmente, mas, por sorte, ela consegue alcançar o interfone e gritar por socorro... O "Porteiro Zé" atende e responde: "Desculpe, mas tenho ordens para não deixar a portaria!". Ela insiste, desesperada, expondo a gravidade da situação. E, embora não tenha niguém mais no prédio, ele se mantém irredutível: "Desculpe, mas estou cumprindo ordens! E ordens, são ordens!".

Essa situação, obviamente, é apenas uma imagem que criei para representar a heteronomia, da forma mais simples possível. Contudo, confesso que na época fiquei receosa em começar o livro por esse caminho. Imaginei que as pessoas pudessem julgar meu exemplo meio "forçado". Tempos depois, para minha surpresa, aconteceu lamentável tragédia: O incêndio na boate Kiss, em Santa Maria (RS). Episódio dramático que todos devem se lembrar, no qual centenas de jovens morreram porque foram impedidos de deixar o local, sem antes pagar a comanda de consumação. Afinal, essas eram as regras da casa. E, para os seguranças que lá trabalhavam: ordens, são ordens! O pior, é que na maioria das vezes em que surge uma situação na qual o bom senso exige que se quebre a regra, o argumento utilizado é sempre o mesmo: "Se eu abrir uma exceção para você, terei que abrir para todos". Só que, nesse caso, **abrir uma exceção *para todos* que estavam na boate, certamente seria a única coisa sensata a fazer.**

Infelizmente, o uso do *bom senso*, sobretudo na emergência das circunstâncias, é algo que ainda deixa a desejar por boa parte das pessoas. E isso acontece, porque essa qualidade (o *bom senso*) está intimamente atrelada à capacidade de *equacionar* problemas – o que também vamos chamar de autonomia. De um modo geral, predomina uma certa falta de discernimento, responsável pela confusão que muitos de nós fazemos ao distinguir entre: ***transgredir, obedecer e equacionar*** – o que leva à banalização da regra, ou à obediência cega, que se sobrepõe à capacidade de pensar sobre ela.

Voltando ao "Porteiro Zé", ele representa o estereótipo do adulto que estacionou no estágio da heteronomia, como já dito. É alguém que cresceu em tamanho, ganhou peso e até uma certa barriguinha, perdeu uns cabelinhos e tal, mas do ponto de vista cognitivo, ainda é uma criança no seu modo de operar no mundo. Afinal, ele justifica que está cumprindo ordens ao negar ajuda a quem corre perigo iminente. E isso fez com que passasse por cima de um valor universal, muito superior à regra "não abandonar a portaria": o valor da vida humana que, no caso, estava em jogo. Assim como também ocorreu no trágico episódio da boate Kiss. Ou seja, adulto imaturos (heterônomos), desempenhos caóticos.

Importante também lembrar, que porteiros precisam *equacionar* uma série de decisões difíceis no seu dia a dia,

AUTONOMIA, RESILIÊNCIA E PROTAGONISMO

assim como qualquer executivo numa empresa, independentemente do status do cargo ocupado. Líderes em todas as escalas, vendedores, médicos, recepcionistas... enfim, todos os indivíduos que exercem uma atividade profissional (e não só profissional), em algum momento são pegos de surpresa em situações inusitadas, cujo desafio é sempre proporcional à responsabilidade do posto ocupado. O jornal Folha de São Paulo publicou em abril de 2016 o artigo: "Sobrou para o porteiro"[17]. O intuito era chamar a atenção sobre "a necessidade urgente de se preparar pessoas capazes de agir acertadamente, diante de conflitos práticos ou mesmo éticos". Como exemplo, são citadas as seguintes situações embaraçosas pelas quais esses profissionais se deparam no seu dia a dia:

1. Chega um oficial de Justiça no condomínio e pede ao porteiro para interfonar no apartamento X porque precisa entregar uma intimação. O morador atende e manda o porteiro dizer ao oficial que não está. E agora, o que fazer? O porteiro deve atender ao pedido do morador sob pena de cometer crime? Ou deve dizer que o morador está em casa, mas pediu para dizer que não está?

2. Marido e mulher brigam e um deles sai de casa. Em seguida, o que ficou avisa o porteiro que o outro está proibido de entrar no condomínio. O que fazer quando o cônjuge chegar? Do lado de quem o porteiro deve ficar?

---

[17] *Sobrou para o porteiro* foi escrito pelo advogado especialista em condomínios Marcio Rachkorsky.

3. Um morador interfona na portaria dizendo que os vizinhos estão brigando feio, com gritos e talvez agressão física, e pede uma atitude do porteiro. Mas será que essa função é mesmo do porteiro, ou qualquer cidadão poderia acionar a polícia sob tais circunstâncias?

Certa vez me perguntaram se o "Porteiro Zé" não seria um preconceito em relação aos porteiros em geral. Ora, o "Porteiro Zé" não é uma pessoa, nem um grau de instrução, muito menos uma profissão específica. Em alguns condomínios, o porteiro é sensato e o síndico é que é o "Porteiro Zé". E isso também já foi assunto no mesmo jornal – quando alguns moradores se viram obrigados a entrar na justiça para questionar uma regra absurda (imposta pelo síndico), que determinava a proibição de guardar bicicletas na garagem e, ao mesmo tempo, de transportá-las no elevador. Nas empresas, até mesmo diretores são às vezes tão inflexíveis, ou tão literais no uso de regras, que chegam a ser inconsequentes, demonstrando que ainda não atingiram a maturidade necessária exigida pelo cargo.

O "Porteiro Zé", portanto, é uma atitude! Uma atitude que se manifesta sempre que o indivíduo não é capaz de *equacionar* um problema, com flexibilidade e **bom senso**. Quando por alguma razão, ele não atinge o **pensamento autônomo**!

A verdade, porém, é que lidar com normas e regras, às vezes na urgência da situação, sobretudo quando o procedimento envolve pessoas, não é nada fácil para ninguém. Longe de ser um preconceito com os porteiros, o fato é que **existe um "Porteiro Zé" dentro de cada um de nós.**

A diferença entre um indivíduo e outro, está somente na frequência com que ele se manifesta. Independentemente do nível de formação, da condição social ou do cargo ocupado, o desafio de superar a heteronomia é para todos. Pois o contexto e o cenário, apenas diferenciam *o grau de complexidade* das decisões a serem equacionadas. Embora a maioria das pessoas não tenha consciência disso.

Em última instância, mesmo para quem não se identificou com o "Porteiro Zé" – ainda num estágio rudimentar do pensamento –, isso não quer dizer que já foram superadas todas as etapas dessa construção cognitiva e moral. Pois a distância a ser percorrida da *heteronomia*, ao que podemos legitimar como *autonomia* é muito, mas muito longa. E a maioria de nós, adultos, "estacionou", ou ainda oscila, entre estágios intermediários (já com outras características predominantes, que serão explanadas mais à frente). Provavelmente, é por esse motivo que Kohlberg afirma haver uma minoria de indivíduos adultos que, de fato, atingiram a autonomia em mais elevado patamar.

CAPÍTULO

3

TRANSGRESSÃO: INDIVÍDUOS QUE VIOLAM AS REGRAS

Indivíduos transgressores

Como já dito no capítulo anterior, o senso comum ainda deixa a desejar no que diz respeito ao discernimento entre: **transgredir, obedecer ou equacionar uma regra** – embora a diferença possa até parecer simples, num primeiro instante. No entanto, na prática, as coisas caminham de modo diferente. E é por isso que muitas vezes presenciamos atuações profissionais equivocadas do ponto de vista ético, ou caóticas do ponto de vista da competência. Quem nunca se deparou com alguém que fura a fila, cheio de soberba, como se fosse natural uma pessoa da sua "importância" passar na frente dos outros? Ou um "Porteiro Zé" que coloca diversos empecilhos num procedimento, sem nenhum propósito – e que no final das contas só servem para dificultar o andamento das coisas? Pois para melhor exemplificar a radical diferença entre os estágios de conduta (em direção à autonomia), vamos falar um pouco sobre cada um deles, começando pela transgressão.

Indivíduos transgressores são aqueles que, obviamente, violam as regras de conduta. Pessoas comuns cometem transgressões no seu dia a dia, munidas de uma série de argumentos de defesa. Há quem diga que "o mundo é dos espertos" – jargão utilizado pelos que assumem esse tipo de comportamento, do qual até se orgulham. Entre os mais comuns, podemos citar:

- Estacionar em vaga reservada para deficientes e idosos;
- Sentar em banco reservado do metrô e fingir que está dormindo quando chega uma gestante;
- Andar no acostamento ou na faixa de ônibus;
- Parar o carro em fila dupla;
- Jogar lixo fora de lugar;
- Adquirir produtos piratas;
- Comprar a carteira de habilitação;
- Fazer ligações clandestinas de TV a cabo (o famoso "gato");
- Furar filas;
- Trocar preços nas lojas e supermercados;
- Usar o caixa preferencial, sem ter direito a ele...

Já outros comportamentos podem ser classificados como transgressões ainda mais graves: vender drogas ilegais, roubar para obter dinheiro para sustentar o próprio vício, cometer atos de vandalismo e depredação do patrimônio público, entre outros. Contudo, quando tais violações ocorrem antes da maioridade é fundamental levar em conta não só o indivíduo que as cometeu, mas também o ambiente no qual ele está inserido – e suas respectivas dificuldades: família desestruturada, educação inadequada ou ausente, pobreza extrema, entre outros. Em muitos desses casos, a terminologia mais adequada é *delinquência*.

Em linhas gerais, podemos dizer que regras são criadas para organizar o convívio, de diferentes pessoas, em um espaço comum compartilhado por elas. Algumas regras pertencem somente a um grupo específico: uma empresa, um condomínio, um clube. Há, porém, certas regras morais que regem a sociedade numa escala maior, impondo limites ao comportamento humano. São uma espécie de diretriz e, ao mesmo tempo, um freio moral. Toda vez que um indivíduo transgride uma regra de conduta, deliberadamente, sem nenhuma razão justificada, ele perturba a harmonia coletiva. Regras, portanto, são para serem respeitadas, em prol do bem comum.

Transgressão e psicopatia

Na idade adulta, quando o comportamento transgressor apresenta um padrão recorrente e, principalmente, quando há menosprezo e desrespeito aos direitos dos outros, abusos inescrupulosos e ausência de arrependimento e de culpa, estamos falando de algo severamente grave. Trata-se de pessoas com *perturbação antissocial da personalidade*, ou *psicopatia* – termo mais conhecido popularmente (alguns profissionais também preferem chamar de *sociopatia*, principalmente os comportamentalistas, cujo enfoque está na influência do meio).

Quem cunhou o termo psicopatia foi o psiquiatra alemão Emil Kraepelin. Kurt Schneider, outro expoente da escola alemã, difundiu o termo personalidade psicopática, entendo-a como um distúrbio da personalidade que não afeta nem a inteligência, nem a estrutura orgânica do indivíduo. Para tanto, ele propôs a seguinte definição para a psicopatia: "Aquelas personalidades que sofrem por sua anormalidade ou, por ela, fazem sofrer a sociedade".

O psicopata é um transgressor (moralmente no estágio da **anomia**) que não sente remorso de seus atos, nem piedade de sua vítima, independentemente do grau de sofrimento que lhe impingiu. Isso acontece porque esse indivíduo não desenvolveu o que chamamos de *empatia*: capacidade de se colocar no lugar do outro e de sentir o que o outro sentiria, numa determinada situação ou, no caso, na situação que lhe é imposta pelo próprio sujeito antissocial. Por outro lado, embora psicopatas não tenham ressonância afetiva com as pessoas, são excelentes para imaginar o que elas pensam e, obviamente, tirar proveito disso. Em geral, esses indivíduos apresentam traços de comportamento sádico desde a infância, na qual muitas vezes iniciam suas experiências de crueldade com animais, os quais sentem prazer em torturar. A capacidade empática, portanto, impede os *não* psicopatas de agir de forma imoral, promovendo o sofrimento alheio. A empatia seria uma espécie de freio moral dos indivíduos que norteiam sua conduta pela voz da consciência – e da compaixão.

Por ter uma personalidade extremamente narcísica e egocêntrica (sentindo-se o centro do Universo), o psicopata considera legítimo realizar suas vontades a qualquer preço, por mais fúteis que possam ser, eliminando tudo e todos que possam representar uma barreira entre ele e o seu objeto de desejo. Ele é capaz de roubar, de matar, enfim, de transgredir códigos de conduta fundamentais da sociedade. Em linhas gerais, as características mais presentes nesses indivíduos são:

- Não sentem arrependimento ou culpa, nem vergonha de seus atos;
- Mentem frequentemente e as mentiras são cada vez mais elaboradas;
- São manipuladores e fazem chantagem emocional;
- São irresponsáveis ao extremo e não honram seus compromissos;
- Roubam e cometem todos os tipos de delito;
- Torturam e matam animais, apenas por diversão;
- Acreditam que as pessoas estão ao seu dispor e criticam suas vítimas por serem "tolas, frágeis ou merecedoras de seu destino";
- Culpam os outros pelos erros que cometem, fazendo-se de vítimas;
- Não toleram frustrações;

- São explosivos e agressivos quando contrariados;
- São extremamente egocêntricos e narcisistas;
- Não têm empatia, nem compaixão;
- Não são solidários;
- Sentem prazer em ferir e humilhar, inclusive amigos e familiares
- Se orgulham de enganar os outros e são ardilosos;
- Nos casos mais severos, são capazes de matar.

Psicopatia é uma doença mental?

Depende do que se entende por doença mental – e isso é um tema ainda desafiador. As pessoas, em geral (até porque não têm nenhuma obrigação de conhecer conceitos de psicopatologia), acreditam que psicopatia é um termo utilizado para designar certo tipo de doença mental e, sendo assim, provavelmente imaginam que a crítica e a razão do sujeito estariam comprometidas. Alguns até questionam, esbravejando, quando um profissional classifica um assassino de *psicopata*, pois pensam que o termo irá absolver o "doente" da culpabilidade por seus atos. Não é raro ouvirmos alguém dizer assim: "Eu não concordo com esse psicólogo ao dizer que 'fulano de tal' é um psicopata. Para mim ele não é doente nada, ele é um assassino frio, isso sim!". Acontece, porém, que psicopatia é justamente isso: frieza, ausência de emoção. Estamos falando, portanto, de um indivíduo absolutamente lúcido em relação aos seus atos e, sobretudo, capaz de distinguir entre o bem e o mal, o certo e o errado. O psicopata é um indivíduo de conduta amoral (anomia), cuja classificação mais adequada seria dizer que possui um *transtorno de personalidade ou de caráter*.

Cientistas observaram o cérebro de psicopatas, comparando-os ao de pessoas comuns utilizando a IRMF (Imagem por Ressonância Magnética Funcional). Eles acompanharam a atividade cerebral desses indivíduos ao responder dilemas de ordem moral, ou mesmo suas reações diante das mais distintas imagens, tanto de ternura e amor, como de morte e violência. No cérebro dos psicopatas ficou evidente a ausência de atividade no sistema límbico, região na qual se processam as emoções. E isso leva a seguinte conclusão: o psicopata é um indivíduo frio, porém capaz de calcular seus atos, muitas vezes com extrema inteligência. Esse dado também foi observado mediante o elevado nível de atividade mental, mapeada nas regiões do cérebro responsáveis pelo raciocínio e pelas principais funções cognitivas.

Alguns pesquisadores também afirmam, a partir desses dados de imagem, que psicopatas têm uma atrofia no tecido paralímbico, indicando que essa região cerebral é subdesenvolvida nesses indivíduos. Há também os que observaram em criminosos uma redução significativa no tamanho da amígdala cerebelosa[18]. Contudo, ainda hoje é difícil afirmar se a psicopatia é uma causa, ou um efeito, isto é, se o fato de viverem uma vida violenta e cruel acarretaria na atrofia e na modificação de estruturas cerebrais, ou se é porque já nasceram com essas regiões atrofiadas que acabam se tornando psicopatas.

De forma sucinta, vale a pena diferenciar a *psicopatia* da *psicose*, pois, esta sim, pode ser considerada uma doença

---

18 **Amígdala cerebelosa** é uma região do cérebro que faz parte do sistema límbico.

mental que compromete a capacidade de julgamento do indivíduo. Isso porque, em estado psicótico (surto), como na esquizofrenia, por exemplo, o sujeito não tem consciência de seus atos, à medida que perde a conexão com a realidade externa. Ocorre uma fragmentação da identidade e/ou do pensamento – e o indivíduo pode ser acometido por delírios e/ou alucinações. Um delírio é caracterizado pela distorção do pensamento. Um pensamento equivocado, falso. Os tipos mais comuns são: *delírio de grandeza, delírio de perseguição e delírio de ciúmes*. No delírio de ciúmes, por exemplo, o indivíduo acredita, indubitavelmente, que está sendo traído(a) pela(o) parceira(o), ainda que nenhum dado de realidade sustente sua tese.

Já uma alucinação pode ser definida simplesmente como uma percepção sem objeto. E essa alucinação pode ser visual, auditiva, olfativa, tátil ou gustativa. Sendo assim, um indivíduo esquizofrênico pode, por exemplo, acreditar que a Terra está sendo invadida por extraterrestres que querem eliminar a raça humana (delírio de perseguição). E ele acredita também, que foi "escolhido para salvar o mundo" (delírio de grandeza). Ao mesmo tempo, esse indivíduo pode ouvir uma voz de comando (alucinação auditiva) que o ordena a matar determinada pessoa, por tratar-se de um ET disfarçado. Se nesse estado de consciência alterada, o indivíduo cometer um crime, aí sim podemos dizer que se trata de um doente mental inimputável[19]. E, nesse caso, o diagnóstico é obviamente bastante distinto de uma psicopatia – assim como as devidas medidas judiciais.

---

19 **Inimputável** é aquele a quem não se pode atribuir (imputar) responsabilidade sobre seus próprios atos.

Psicopatas engravatados

Vale ressaltar que um psicopata nem sempre é um assassino, um estuprador ou um *serial killer*. E, embora não chegue ao ponto de cometer tais atos, muitos desses indivíduos estão camuflados por toda a sociedade, principalmente no papel de líderes políticos e religiosos. O DSM-IV (Manual de Diagnóstico e Estatística das Perturbações Mentais) considera para o diagnóstico comportamentos manipuladores e fraudulentos em geral, no intuito de obter ganho meramente pessoal (dinheiro, sexo e poder).

Robert Hare, autor de *Snakes in Suits: When Psychopaths go to Work (Cobras em Ternos: Quando Psicopatas vão ao Trabalho) – ainda sem tradução para o português –*, afirma "que os psicopatas fracassam geralmente quando são impulsivos, violentos e, por essa razão, acabam na cadeia". Mas há psicopatas frios e sem empatia muito bem camuflados pela sociedade, que passam despercebidos. São pessoas que "usam e abusam" de seu charme, seu carisma e sua capacidade de oratória, sendo absolutamente manipuladores e virtuosos na gestão de sua imagem pessoal – embora completamente sem escrúpulos.

Belinda Board e Katarina Fritzon, pesquisadoras da Universidade de Surrey, na Inglaterra, avaliaram os traços de personalidade desses "psicopatas camuflados" e chegaram a seguinte conclusão: a maioria deles chega a superar criminosos que cumprem penas, nos seguintes aspectos: egocentrismo, narcisismo, falta de sinceridade e tendência à manipulação. No entanto, por serem menos inclinados à agressão física e à impulsividade, conseguem ficar impunes.

A título de curiosidade, vale apontar também uma outra interessante pesquisa que mostra a relação entre impulsividade e fracasso, assim como, opostamente, o autocontrole seria um indicador de sucesso na vida. A pesquisa foi conduzida pelo psicólogo Walter Mischel, por volta dos anos 1970, com 550 crianças de 4 e 5 anos de idade, mas foi publicada somente em 2014 no livro: *O Teste do Marshmallow: Porque a Força de Vontade é a Chave do Sucesso*. Mischel e seus alunos da Universidade de Stanford (EUA) deram às crianças da creche da instituição duas opções: comer naquele momento um marshmallow (guloseima preferida das crianças norte-americanas), ou ganhar dois deles, se esperassem sozinhas na sala, diante da tentação, até o pesquisador voltar. A espera girava em torno de 20 minutos, num ambiente que não tinha qualquer estímulo que pudesse distrair a atenção, de modo a ajudar a passar o tempo. O comportamento demonstrado por essas crianças diante do marshmallow, inesperadamente, acabou por definir o futuro delas. Afinal, elas foram acompanhadas pelos pesquisadores até tornarem-se adultas. E o resultado apontou que aquelas que foram capazes de se controlar para receber os dois marshmallows prometidos, tornaram-se profissionais mais bem-sucedidos, pois apresentavam forte determinação, eram mais eficazes para atingir metas em longo prazo e lidavam melhor com situações frustrantes e estressantes, ou seja, eram mais *resilientes* (tema que será melhor abordado mais à frente).

Por fim, retomando o foco proposto neste capítulo, o ponto central que merece ser demarcado refere-se ao fato de que vivemos numa sociedade permeada por transgressores de todos os tipos e em todos os graus, apresentando desvios consequentes da imaturidade, da perturbação mental ou do primitivismo moral. Em contrapartida, a **autonomia – cujo significado é *"governar a si mesmo"* – diz respeito a algo exatamente oposto: o autocontrole e o discernimento necessários para se tomar decisões baseadas na ética.**

CAPÍTULO 4

OBEDIÊNCIA: INDIVÍDUOS QUE EXECUTAM AS REGRAS

Indivíduos obedientes

Diferentemente dos transgressores, os obedientes são aqueles que executam a ordem, que cumprem fielmente a regra. Contudo, quando o ato de obediência ocorre sem nenhum questionamento, quando direitos humanos estão sendo violados, trata-se de uma *obediência cega*. Os heterônomos são obedientes, tais como o "Porteiro Zé", e podem manifestar esse comportamento em situações até extremas e/ou totalmente inusitadas, nas quais se confundem os limites da inteligência, do discernimento e da ética.

Para entender melhor *os mecanismos da obediência*,

Stanley Milgram, psicólogo da Universidade de Yale, elaborou uma pesquisa no mínimo exótica: ele criou uma convincente "cadeira elétrica" (que obviamente era falsa), recrutou centenas de voluntários e ordenou que aplicassem choques em um indivíduo até o ponto de se tornarem extremamente dolorosos e até letais. Assim ele conduziu todas as etapas do experimento, dizendo ser um estudo sobre "o efeito da punição no processo de aprendizagem". Só que os choques, claro, eram aplicados em um ator que simulava sentir dor cada vez mais forte, até entrar em desespero total, berrar, chorar, suplicar implorando para que pudesse sair da máquina. Em alguns momentos, o ator chegou a dizer que era cardiopata e que não podia continuar, senão morreria.

Antes de iniciar o teste, o psicólogo fez uma pesquisa de opinião com psiquiatras reconhecidos e eles julgaram a pesquisa totalmente banal, porque *todos* disseram que as pessoas *com certeza* parariam quando o choque atingisse no máximo 150 volts. Só que esses psiquiatras estavam errados. **Porque 65% dos estudantes aplicaram os choques até o indivíduo, depois de agonizar, cair "morto"!** Pelo menos, aparentemente morto, porque a pesquisa era uma farsa. Em determinado momento quando os choques já haviam ultrapassado 350 volts, o ator parou de gritar e já não reagia mais. Foi quando um participante, intimado a continuar, exclamou indignado: "Ele não reage mais... quem sabe já está morto". Mesmo assim, o pesquisador insistiu e o participante continuou a executar a ordem de aplicar os choques.

O mais assustador é que a pesquisa foi repetida em diversas outras universidades do mundo todo e, em todos os lugares, os estudantes agiram da mesma forma – o que confirmou a estatística inicial. Vale ressaltar que a pesquisa foi filmada e, segundo Milgram, os participantes não eram sádicos, nem indiferentes, tampouco psicopatas. Pois enquanto administravam as descargas elétricas, de intensidade crescente, suas mãos e vozes tremiam e o suor escorria em suas faces. Alguns se voltavam para o professor com uma expressão desconcertante, um olhar quase suplicante pedindo para parar. Outros também davam risadas nervosas.

A conclusão do psicólogo foi a seguinte: pessoas comuns podem facilmente se transformar em agentes de crueldade e até mesmo assassinos. Ou seja, se a autoridade solicitar que façam algo contra as normas morais, elas obedecem, por uma simples questão de submissão a essa figura de autoridade – no caso, representada pelo "professor de jaleco branco". Os estudantes chegaram a demonstrar claramente seu conflito moral. Mas, cederam a uma obediência cega.

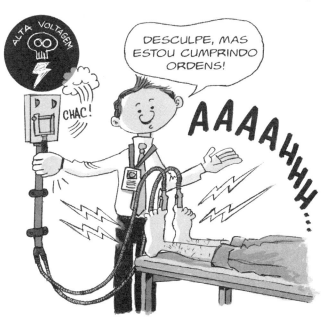

Obediência cega e a "banalidade do mal"

Na obra: *Eichmann em Jerusalém: Um Relato sobre a Banalidade do Mal*, Hannah Arendt também desvela os mecanismos da obediência cega, num ensaio arrojado e um tanto polêmico. Embora consagrada como uma das maiores filósofas da atualidade, sua tese sobre o oficial nazista, um dos acusados de arquitetar a "solução final" do Holocausto, gerou críticas ferrenhas e até mesmo revolta, mobilizando a opinião pública da época. Hoje, talvez, suas ideias sejam compreendidas com mais clareza e profundidade, à medida que o tempo permitiu um melhor entendimento dos argumentos propostos pela pensadora.

Arendt abraçou o desafio de cobrir o julgamento de Adolf Eichmann – capturado em maio de 1960, num subúrbio em Buenos Aires e julgado em Israel –, relatando o episódio posteriormente em seu livro, no qual faz uma análise psicológica do acusado e dos desafios da justiça, diante de um crime que inexistia nos códigos penais. Afinal, o homem que estava sendo julgado, obedecia indubitavelmente a lei vigente. De origem judia – e fugitiva de um campo de concentração –, a pensadora deixou de lado sentimentos passionais, para poder observar o "fenômeno" com clareza e cumprir seu papel de correspondente da revista *The New Yorker*.

No decorrer do processo, o cenário produzia uma bizarra desproporção: quanto maior o horror relatado pelas testemunhas dos campos de concentração, mais se apequenava a figura do "monstro" que ali estava, sentado dentro de uma cabine de vidro. Tal fato não escapou aos olhos da filósofa, que assistia ao julgamento do homem que enviou milhões de judeus para os campos de extermínio nazistas.

Em seu livro, Arendt aponta a dificuldade de sua tarefa, à medida que não estava sendo julgado um sistema. Isto é, nem o nazismo, nem o antissemitismo. Somente a pessoa. Mas Eichmann insistia em renunciar a qualquer traço pessoal, como se não tivesse sobrado ninguém para ser punido ou perdoado. Repetidas vezes ele protestava rebatendo as acusações da promotoria, dizendo que não tinha feito nada por iniciativa própria. Que jamais fizera algo premeditadamente, para o bem ou para o mal. **Apenas cumpria ordens!**

Em seu relato, a filósofa frustrou expectativas do povo judeu, sendo acusada até mesmo de traição, porque se recusou a descrever o criminoso nazista como um homem ardiloso, cheio de intenções demoníacas e propósitos malignos. E isso levou à distorção de seu discurso, erroneamente interpretado como uma defesa em favor de Eichmann, como se estivesse minimizando a gravidade de seus atos. Entretanto, observou a pensadora, ao recusar-se a ser uma pessoa, Eichmann abdicou da característica que mais define o homem como tal: **a de ser capaz de pensar.**

Nesse contexto, a filósofa se defende dizendo que jamais considerou Eichmann um inocente. Muito pelo contrário. Afinal, tentar compreender não é o mesmo que perdoar. O que ela fez foi apenas conciliar a notável mediocridade desse homem, com a dimensão de seus atos abomináveis. Arendt queria entender porque ele dizia não ser culpado, afirmando que "nunca agiu por motivos baixos, nunca teve inclinação para matar alguém e nunca odiou judeus".

Eis o *fenômeno* que ela chamou de **"a banalidade do mal"**. O mal cometido por homens sem qualquer motivo, sem qualquer convicção. O mal perpetrado por ninguém.

Na sua avaliação, Eichmann era somente uma peça, uma engrenagem do sistema. Uma "coisa", talvez, que com o passar dos anos, de tanto agir mecanicamente, tornou-se incapaz de fazer juízos morais. Só que quando se abre mão do ato de pensar, não se abre mão do conhecimento, segundo a filósofa, mas da nobre capacidade de se distinguir entre o bem e o mal.

"A banalidade do mal" é, portanto, um relato sobre a obediência cega. A obediência de um homem que afirmou em tribunal, que nunca matou ninguém, mas que "não hesitaria em matar o próprio pai, se tivesse recebido uma ordem nesse sentido". Seu comportamento traduz, nada menos, do que a expressão da legítima heteronomia, descrita por Piaget.

Enfim, a descrição de Eichmann (na visão de Arendt) é a de um homem de inteligência medíocre, sem consistência, funcionário exemplar, honesto, cumpridor do seu dever e prontamente capaz para atender a qualquer voz imperativa de comando. Ora, um indivíduo que agiu exatamente como os estudantes da pesquisa de Milgram, que chegaram ao ponto de, num simples experimento acadêmico, aplicar supostos choques dolorosos e letais, por obediência ao professor. A conclusão, portanto, que podemos chegar nessa comparação é que existe algo em comum entre Eichmann e esses estudantes: trata-se de adultos infantilizados, de moralidade absolutamente heterônoma. **Adolf Eichmann seria, de fato, um "monstro" nazista, ou não passava de um "Porteiro Zé"?**

Quanto à filósofa, por sua vez, não há como negar sua sofisticada **autonomia**. Uma ***autonomia intelectual*** que a fez elaborar uma tese original, despida de qualquer envolvimento passional com o tema. Enquanto sua ***autonomia moral*** permitiu tecer um verdadeiro tratado **Sobre a Violência**[20], em suas diversas faces. Hanna Arendt também demonstrou sua ***resiliência***, mediante os insultos que sofreu por ter sido incompreendida. E protagonizou um diálogo maduro e consistente (cada vez mais atual) entre a filosofia e a sociedade, no intuito de desvelar ***a banalidade do mal***.

Obedientes não são bonzinhos

Pessoas obedientes acatam ordens, com total aceitação. E, com esse comportamento, são aparentemente mais dóceis do que aquelas que questionam quando algo lhes parece estranho. Mas "aparentemente", apenas, pois engana-se quem pensa que esses indivíduos agem assim simplesmente porque são maleáveis e bonzinhos. Por trás desse temperamento "fácil de lidar", esconde-se um adulto que insiste em não crescer. E, por essa razão, ele elege figuras de autoridade – que vão substituir a autoridade dos pais, vigente na infância, e a quem vão obedecer, sem hesitar. Estamos falando, portanto, de adultos que preferem que alguém continue tomando decisões por eles. E que, obviamente, esse alguém também arque com todas as consequências dessas decisões, em seu lugar.

---

20 **Sobre a Violência, A Condição Humana, Homens em Tempos Sombrios, Responsabilidade e Julgamento, A Vida do Espírito, O Conceito de Amor em Santo Agostinho**, entre outras, são algumas das principais obras de Hanna Arendt.

Quem apenas obedece, sente-se totalmente isento de qualquer responsabilidade pelos próprios atos – e isso é uma imensa zona de conforto. Além de ser uma ilusão. Pois quem executa é tão responsável quanto quem ordena.

Segundo Milgram e sua equipe, quando um indivíduo entra num sistema de autoridade, "ele não mais se considera um *ator responsável* pelos atos contrários à moral, e sim um agente que executa as vontades do outro". Ele imputa toda a responsabilidade de seu ato ao detentor da autoridade. Em outras palavras, esse indivíduo está tentando dizer que seu papel é de mero *coadjuvante*, renunciando a qualquer *protagonismo* de sua parte.

Por fim, vale apontar que o obediente é também um oprimido. E na visão de Paulo Freire, o oprimido é aquele que não tem consciência de suas possibilidades, vivendo, portanto, imerso na engrenagem da estrutura dominante. Contudo, **engana-se quem reconhece no oprimido apenas uma vítima do sistema. Pois o oprimido é aquele que "hospeda" o opressor dentro de si, sonhando com o dia em que ocupará o seu lugar.** Sendo assim, "os oprimidos só começam a desenvolver-se quando, superando a contradição em que se acham, se fazem *seres para si*".

Obediência cega e fanatismo religioso

Na década de 1970, um dos exemplos mais radicais de obediência cega foi a relação dos seguidores com seu "líder religioso", Jim Jones. Isso porque, Jones foi responsável – nada mais, nada menos – por induzir o maior suicídio coletivo da história. E que ocorreu como prova de obediência e devoção a ele, o "mentor espiritual" do grupo. A cifra de mortos passou de 900, incluindo quase 300 crianças, "suicidadas" pelos próprios pais, em sua maioria por envenenamento.

James Warren Jones ou "Jim Jones" (que inspirou o personagem *Tim Tones*, numa crítica do humorista Chico Anísio) foi o fundador da seita *Templo dos Povos*. Seu discurso politicamente correto, pregava a igualdade racial e a proposta de uma comunidade alternativa, socialista e autossuficiente. Provavelmente por essa razão, Jones contava com a simpatia da mídia liberal e de lideranças políticas da Califórnia, para onde havia levado sua seita nos anos 1960. Sua postura era de assistencialismo social aos mais pobres, sobretudo aos afro-americanos.

Esse líder se autonomeava "Reverendo" e pregava a cura pela fé, dizendo-se um profeta capaz de realizar milagres, além de possuidor de dons de clarividência. Mais à frente, também se declarou como a encarnação presente de Jesus Cristo, Buda, Gandhi e do próprio Deus. E é óbvio que, diante de um ser de tamanha magnitude, as pessoas deveriam dar provas de sua total devoção e obediência. Segundo relatos de jornalistas, Jones era visto pelos seguidores como uma espécie de "grande pai" e responsável, portanto, por centralizar *todas* as decisões da comunidade.

Com o passar do tempo, os métodos do líder da seita foram se tornando cada vez mais bizarros. Houve denúncias de ameaças físicas, morais e mentais dirigidas aos membros da seita; tortura psicológica com privação de sono e de alimentos; separação dos indivíduos de suas famílias e isolamento de crianças em relação a seus pais; exigência de entrega de propriedades e 25% da renda. Além disso, Jones intervinha na escolha de casamentos e na vida sexual dos casais. E, por fim, ele também obrigava as pessoas a darem depoimentos junto à mídia, passando uma imagem boa e favorável do templo.

Tais exigências foram se agravando mais e mais, o que mais tarde levaria todos os membros do grupo ao suicídio, inclusive, o dele mesmo. O fato, porém, é que pelo menos de início, seus seguidores estavam lá por pura opção pessoal, pois projetavam nele a figura legítima de um pai, amado e reverenciado, pelo qual entregaram, literalmente, suas vidas e a de seus filhos. Estamos, portanto, diante de um radical exemplo de adultos, completamente heterônomos, desprovidos de qualquer autonomia, na sua mais absoluta concepção.

Em torno de um líder bárbaro, autoritário (psicótico ou psicopata) e de comportamento *transgressor* (no sentido de violar direitos humanos), sempre haverá indivíduos *obedientes*, de conduta moralmente infantilizada. Afinal, para que haja um opressor, é preciso haver oprimidos – que legitimam a opressão, como já dito. Na verdade, são mecanismos complementares e interdependentes. E no caso da seita de Jones, um radical retrato de como essa relação se configura.

Como visto, existem "adultos" ainda completamente heterônomos, em busca de um "pai", a quem conferem uma obediência cega e esperam que ele conduza e tome todas as decisões em seu lugar (decisões extremas, inclusive, como o destino de seus próprios filhos). No fundo, são "adultos" apenas na idade cronológica, mas (afetiva e intelectualmente) são crianças ainda prisioneiras de seus medos e de sua insegurança, perante às adversidades da vida.

Autonomia, liberdade e espiritualidade

Em contrapartida ao exemplo dado, existem também aqueles que demonstram uma atitude autônoma, radicalmente oposta. É o caso do psiquiatra austríaco Viktor Frankl. No ano de 1938, a Áustria foi invadida pelas tropas alemãs. Nessa época, Frankl era diretor do Departamento de Neurologia do Rothschild Hospital, clínica para pacientes judeus. Desafiando Hitler, ele colocou sua vida em risco por *desobedecer* ao plano nazista de emitir falsos diagnósticos, cujo objetivo era levar à morte, por eutanásia, inúmeros judeus que estavam sob seus cuidados (atitude também oposta, em relação aos estudantes do experimento de Milgram).

Em represália, os nazistas forçaram sua esposa a abortar seu filho e os levaram para campos de concentração. Seu pai, sua mãe e sua esposa foram mortos em Auschwitz. Em 1945, no último campo de concentração em que esteve, Frankl se vê prestes a cair em total desespero. Foi quando, então, para que pudesse encontrar forças para continuar vivendo, ele alimenta o sonho de poder tornar toda essa experiência em aprendizado, de modo a compartilhá-la com outras pessoas. No dia 27 de abril ele é libertado pelas tropas norte-americanas, e seus relatos se tornam um livro chamado *Em Busca de Sentido*.

Neste livro, ele conta o que passou como interno no campo de concentração e sua luta incessante pela sobrevivência, sob as mais sórdidas condições às quais um ser humano pode ser submetido. **E é justamente ao travar essa batalha que ele reconhece o valor da dimensão espiri-**

tual, que o permitiu encontrar um sentido maior para tudo aquilo que estava passando e, acima de tudo, ter forças para *lutar pela vida*. Observemos as inspiradoras palavras de Frankl:

"Nós que vivemos nos campos de concentração, podemos lembrar de homens que andavam pelos alojamentos confortando aos outros, compartilhando seu último pedaço de pão. Eles devem ter sido poucos em número, mas ofereceram prova suficiente de que tudo pode ser tirado do homem, menos uma coisa: a última das liberdades humanas – escolher sua atitude em qualquer circunstância, escolher seu próprio caminho.

A cada dia, a cada hora no campo de concentração, havia milhares de oportunidades de concretizar esta decisão interior, uma decisão da pessoa contra ou a favor da sujeição aos poderes do ambiente que ameaçavam privá-la daquilo que é a sua característica mais intrínseca – sua liberdade. "

Para um bom observador, fica fácil perceber que a compreensão atingida por Frankl – sobre o papel da espiritualidade na vida humana – é exatamente oposta ao entendimento dos seguidores de Jim Jones que, em nome da "fé", cometeram suicídio.

Após sua liberdade, Frankl tornou-se professor de Neurologia da Universidade de Viena, mas também lecionou em Harvard, Stanford, Southern Methodist (Dallas) e (Duquesne) Pittsburgh. Ao longo de sua vida publicou 32 livros, que foram traduzidos em mais de 27 idiomas. Ele também foi o fundador de uma corrente que se dedica ao estudo da dimensão espiritual e do sentido da existência: a Logoterapia.

Por fim, vale apontar não só a notória *autonomia* (moral e intelectual) de Frankl, mas também sua *resiliência* e *protagonismo*. A resiliência que o fez suportar os martírios dos campos de concentração, sem desistir de lutar. E o protagonismo no qual ele decodifica sua experiência numa obra consistente, inaugurando uma nova escola para a psicologia, nomeada "Terceira Escola Vienense de Psicoterapia", e que até os dias atuais serve se inspiração e modelo para inúmeras pessoas.

Obediência cega, liderança cega

Quando falamos em obediência, não é somente o fanatismo religioso e o experimento de Milgram que apontam dados que podemos considerar como não convencionais. Uma pesquisa recente (abril de 2015) feita pelo aplicativo Linkedin, revela estatísticas que foram também uma verdadeira surpresa – sobre o que até então se imaginava a respeito da "questionadora" geração Y (nascida entre 1980 e 2000). Isso porque, 63% dos brasileiros entre 18 e 34 anos se declararam absolutamente obedientes no trabalho, dizendo que nunca questionam uma única ordem recebida. Segundo a mesma fonte, os menos obedientes são os franceses, cuja estatística é de 19,4%. A pesquisa ouviu mais de 15 mil usuários do LinkedIn, em 19 países.

Para um líder inseguro e/ou autoritário, saber que há uma estatística que constata um elevado número de pessoas que obedece, sem questionar, é aparentemente muito confortável. Mas, *aparentemente*, apenas. Porque obedientes, na maioria das vezes, são adultos imaturos. E isso faz com que responsabilidade e comprometimento não sejam, efetivamente, o ponto forte desses indivíduos. Na ausência do "chefe"[21], quanto mais heterônomo for o indivíduo, mais ele se comportará como uma criança levada, que aproveita para fazer o que "agora pode". Ou então, esse indivíduo fica paralisado, totalmente sem rumo, esperando um direcionamento, uma ordem imperativa, sem a qual não sabe nem por onde começar a agir, sobretudo nos momentos de tensão. E o pior de tudo isso, é que ainda existe chefe que se orgulha de não ter sossego nas férias. Afinal, quando ele está fora tudo se torna um caos. E essa lamentável balbúrdia alimenta sua frágil autoestima com a sensação de que é "insubstituível".

Nesse cenário, o chefe também se mostra um heterônomo, à medida que é dominado pelo medo e se contenta com pouco. Afinal, sua "ambição"[22] não passa de querer ocupar o mesmo cargo para o resto da vida. Para tanto, ele não desenvolve pessoas, pois teme que alguém ocupe o seu lugar. E com essa postura, também nunca será promovido. Sua cegueira o impede de ser um visionário que, certamente, precisará de tempo para abarcar novos empreendimentos. E isso só será possível se ele puder contar com pessoas

---

21 **Chefe** é um termo inadequado e em desuso. Entretanto, ele é empregado algumas vezes neste livro, propositadamente, no intuito de sinalizar uma postura, também já ultrapassada.

22 **Ambição** é diferente de ganância. A ambição pode ser considerada uma qualidade positiva do líder que deseja progresso, que tem forte anseio por alcançar determinado objetivo. Ganância é a qualidade (negativa) dos que desejam mais e mais, nunca bastando o que foi ganho e, em geral, esse ganho é somente para si mesmos, sem ser compartilhado.

autônomas, que cumpram efetivamente o seu papel, sem a necessidade de uma vigilância integral. Na experiência de Milgram, o pesquisador relata que quando o professor se ausentava, os participantes encontravam diversos meios de não aplicar as descargas elétricas, ou seja, sabotavam literalmente a pesquisa, mas na presença do experimentador ficavam calados e obedientes, com medo de afrontá-lo.

O papel do líder

Um líder autônomo confia em si mesmo e, ao mesmo tempo, no colaborador, de modo a delegar tarefas complexas e de responsabilidade, formando uma equipe de **pessoas também autônomas e que resolvem problemas, *inclusive* na sua ausência.** E é só assim que esse líder poderá dedicar-se a novos projetos, em vez de centralizar todas as decisões do dia a dia em si mesmo. O líder autônomo é aquele que assume o papel de um **educador**, no intuito de formar um time capaz de andar com as próprias pernas, enfrentando dificuldades e desafios. Líder heterônomo, equipe heterônoma. Líder autônomo, equipe autônoma.

Obedecer cegamente uma regra é radicalmente diferente de *compreender a regra*. E por reconhecer a diferença que isso faz na execução do trabalho, o **líder educador** explica o porquê das coisas. Enquanto ainda existe muito chefe que se orgulha do arcaico jargão: **manda quem pode, obedece quem tem juízo** – sem se dar o trabalho de justificar à ordem dada.

AUTONOMIA, RESILIÊNCIA E PROTAGONISMO

Acontece, porém, que todas as pessoas são capazes de raciocinar com mais autonomia frente aos obstáculos. Trata-se de um potencial que pode ser lapidado em todos nós, para que possamos atingir níveis cada vez mais sofisticados de abstração e de equacionamento dos conflitos. E é somente nesse patamar (moral e intelectual) que se pode, de fato, resolver problemas novos e/ou complexos. O resultado se traduz no que também chamamos de competência[23]. Para ilustrar, vou relatar uma situação que aconteceu comigo:

> Fui ao banco comunicar meu novo endereço e levei uma conta de luz, que era o meu comprovante de residência. Me dirijo à gerente (da área de pessoas físicas) com a conta na mão e só naquela hora percebo que o número estava errado (746 em vez de 756, que seria o correto), embora a conta chegasse até mim, por

---
23 **Competência** pode ser entendida como o conjunto de conhecimentos, habilidades e atitudes.

não haver o 746 na rua. Entrego para a gerente e informo a necessidade de fazer a alteração. Mas, exclusivamente por esse motivo, ela não aceitou a conta como comprovante. Eu argumentei, argumentei, argumentei, mas ela foi irredutível: *Desculpe, são as regras do banco.* E regras, são regras! Ela não demonstrava estar com má vontade, apenas parecia ter medo de desobedecer a regra. Confesso que saí da agência frustrada e decepcionada com o atendimento. Na semana seguinte tive que voltar ao banco e fui atendida por uma outra gerente (da área de pessoas jurídicas, onde também tenho conta). Mesmo sem esperança, acabei tocando no assunto da conta de luz. Ela sorriu e, em questão segundos, resolveu o meu problema dizendo: "Fique tranquila, nós já te conhecemos muito bem, você é cliente do banco desde 1999 e o seu apartamento foi financiado aqui por nós". Então, **era óbvio que em caso de dúvida, bastaria checar o endereço correto na documentação** – informação que a primeira gerente que me atendeu também tinha.

Ora, e é óbvio também, que a segunda gerente foi mais eficiente do que a primeira (que agiu como um legítimo "Porteiro Zé"). E a explicação que pode ser dada para a sua atitude é que ela *compreende a regra*, em vez de somente *obedecê-la*. A segunda gerente demonstra ser capaz de raciocinar com autonomia, quando equaciona o problema e descarta qualquer risco ao banco. Essa competência, provavelmente, já veio com ela, mas poderia ter sido desenvolvida nas duas gerentes – o que refletiria na melhoria do atendimento da agência como um todo. E, embora o exemplo seja relativo a um banco, ele certamente se estende a todos os tipos de serviços prestados ao público em geral.

Um líder inseguro e/ou autoritário, geralmente deixa sua equipe com muito medo de errar e de sofrer uma punição. Só que punir severamente o erro só reforça, ainda mais, o comportamento heterônomo das pessoas. O erro faz parte do jogo e precisa ser transformado em experiência, em aprendizado. É claro que para alguns, esse discurso soa como algo do tipo: "Bonito na teoria, mas inviável na prática". Ou como algo muito "paz e amor", sem o mínimo do pragmatismo exigido no mundo corporativo. Mas não é bem assim. Na verdade, se pararmos para pensar, todos nós, seres humanos, inevitavelmente cometemos erros. Só que existem erros que são irreversíveis, como no caso da boate Kiss, por exemplo. E esse tipo de erro tem uma probabilidade muito maior de acontecer, justamente sob lideranças autoritárias, que apavoram as pessoas e punem severamente os erros. É praticamente um paradoxo. Portanto, **quem precisa ter "juízo" é o líder, e não quem obedece.** Pois contar com pessoas que apenas cumprem ordens, porém incapazes de pensar diante das mais inusitadas circunstâncias é, no mínimo, uma imprudência. E que não só atrapalha o andamento da rotina, mas que pode trazer prejuízos incalculáveis, nos casos mais graves.

Contudo, **um líder autônomo é também uma pessoa muito exigente. Mas que exige resultados, e não obediência cega.** Para tanto, ele delega tarefas e desenvolve potenciais, dando espaço para que as pessoas possam questionar e sugerir mudanças e melhorias. Afinal, o objetivo é acertar, claro. Para tanto, é preciso ser um *líder educador* que dá sentido às coisas e ensina a pensar. Infelizmente, a palavra treinamento ainda é muito usada nas organizações. Só que treinar é condicionar padrões de comportamento. E para se equacionar problemas e obter resultados é preciso desenvolver um leque mais amplo e flexível de respostas, perante as mais inusitadas situações.

Em geral, as empresas que apostam no fortalecimento da autonomia, porque acreditam nesse diferencial, adotam o termo "formação", em vez de "treinamento", por ser mais adequado aos seus propósitos educacionais e de desenvolvimento humano. E, quando um colaborador não está desempenhando seu papel da forma esperada, ele passa por um *plano de recuperação*, que substitui a mera punição vazia de sentido.

Um de meus principais clientes – no qual desenvolvo projeto de formação em liderança e autonomia – é uma multinacional do ramo de material de construção, que consecutivamente aparece em lista das "melhores empresas para se trabalhar". Essa empresa legitima a autonomia dos colaboradores para que se possa, entre outras coisas, garantir o melhor atendimento possível ao seu público. Quem já passou por uma reforma em casa, por exemplo, sabe avaliar a quantidade de problemas que vão surgindo ao longo do processo. E, em meio a esse turbilhão de imprevistos, quem gostaria de ser atendido por um "Porteiro Zé", enquanto sua obra está parada, aguardando soluções urgentes?

Enfim, o fato mais contundente de toda essa questão se resume em: quem apenas obedece, não pensa. Pelo menos foi o que apontou a filósofa Hannah Arendt ao analisar a mediocridade de Eichmann que, no contexto político nazista, pode até ter atendido aos objetivos de Hitler. Mas na exigência do mercado atual, sobretudo em um cenário competitivo – e diante de um consumidor mais crítico e informado –, a necessidade é outra. Embora nem todos reconheçam essa diferença. **Afinal, é ainda frequente ouvirmos o "chefe" dizer assim: "Vocês aqui não são pagos para pensar". Mas isso é um enorme engano. Pois esse chefe também nunca parou para pensar no risco dessa afirmação.**

Obediência ou competência: eis a questão

Quem ocupa um cargo de liderança (querendo ou não), em algum momento de sua vida terá de fazer a seguinte escolha: se quer à sua volta pessoas que obedecem cegamente, ou pessoas que resolvem problemas, atingem resultados e superam expectativas. Porque essas duas características são incompatíveis e, portanto, dificilmente serão encontradas em um mesmo sujeito. Se o líder optar por pessoas autônomas (que é o segundo caso), terá também que elevar o grau de exigência sobre si mesmo, principalmente em relação ao seu **senso de coerência e de meritocracia**. Isso porque, heterônomos aceitam *relações de coação* (respeito unilateral), mas **indivíduos autônomos** estabelecem *relações de cooperação* (respeito mútuo) e, certamente, vão notar algumas incongruências e protecionismos.

Isso não significa que pessoas autônomas sejam pedantes ou rebeldes. Elas apenas acreditam verdadeiramente no *respeito mútuo* como a única forma de se alcançar um objetivo comum. Afinal, quando não há esse respeito mútuo, é porque as pessoas estão trabalhando em prol de objetivos estritamente pessoais. Logo, um líder coerente em suas decisões e que evita protecionismos, jamais terá nos indivíduos autônomos um obstáculo. Muito pelo contrário.

A cooperação grupal e o mérito do esforço pessoal, quando bem equacionados, além de ser uma questão moral, representam "um fator indispensável de prosperidade" – pelo menos é o que afirma o professor Richard Layard, da Escola de Economia de Londres, ao pesquisar o tema. Vale ainda reforçar, que só existe *respeito mútuo* quando ele verdadeiramente acontece em todas as direções: para cima, para baixo e para todos os lados. Isto é, com o líder, com os subordinados, com os pares e também com o cliente (quando for o caso).

 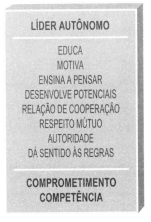

Por fim, para ser um líder autônomo (e também educador) é preciso também fugir do velho jargão: "Faça o que eu digo, mas não faça o que eu faço". Pois no mundo do trabalho, as coisas funcionam de modo diferente. "Faça o que eu faço – e não apenas o que eu digo" é muito mais eficaz para quem lida com pessoas. Pois o líder que se preocupa em ser exemplo daquilo que ele espera de sua equipe terá, inevitavelmente, um resultado melhor, com desgaste menor. Afinal, cobrar, controlar, vigiar, repetir inúmeras vezes a mesma coisa é estressante e consome um bem precioso: o tempo. A coerência entre o pensar, o falar e o agir é algo mais prático, mais inteligente e também mais eficaz. Como já dizia o sábio líder, Mahatma Gandhi: "Seja você a transformação que deseja ver no mundo".

CAPÍTULO 5

EQUACIONAMENTO: INDIVÍDUOS QUE COMPREENDEM AS REGRAS

Indivíduos autônomos equacionam suas decisões

Os conceitos de *transgressão* e *obediência cega* foram discutidos até aqui com um objetivo: diferenciar tais condutas do comportamento autônomo. Em suma, observamos que o **transgressor** é um "perverso" que passa por cima da regra sem o menor pudor, enquanto o **obediente** é um "Caxias" que cumpre a regra ao pé da letra, abdicando da capacidade de pensar sobre ela. Um transgressor pode ser um psicopata, como visto, que radicalmente viola direitos humanos. No entanto, quando um obediente "dá choques em um indivíduo até ele agonizar e *morrer*", ou omite socorro a quem corre risco de morte, ou "suicida" seu próprio filho em um ritual religioso, ou é agente de algo como o Holocausto, ele também fere direitos humanos. A conclusão é simples: embora a raiz das motivações pessoais desses sujeitos (transgressores e obedientes) seja distinta, de um jeito ou de outro, o resultado de suas ações pode ser exatamente o mesmo. Já quem **equaciona** é o indivíduo autônomo que raciocina sobre as regras, sendo, portanto, capaz de compreendê-las para dar uma aplicação ética e acertada, de acordo com a necessidade da situação – utilizando o que também chamamos de **bom senso**.

O termo **bom senso** – aqui utilizado para expressar o resultado de um bom **equacionamento** – foi reverenciado por Aristóteles como "o elemento central da conduta ética: uma capacidade virtuosa de achar o meio-termo e distinguir a ação correta". Isso porque, em geral, o *bom senso* está ligado à sabedoria e à razoabilidade, pois é ele quem define a capacidade que uma pessoa possui (ou deveria possuir) de adequar regras e fazer bons julgamentos. Mas embora o *bom senso* expresse capacidade intelectual e moral tão privilegiadas, o termo de certa forma perdeu um pouco a sua força, talvez por ser parecido e até confundido com o termo *senso comum* – este, por sua vez, possui significado demasiadamente distinto. Pois o *senso comum* designa uma ideia sobre algo, compartilhada por um número significativo de pessoas, que pode ser superficial ou até equivocada. Enquanto o *bom senso* encontra-se intimamente ligado à sensatez, ao discernimento e à moralidade, à medida que aponta para a coisa possivelmente mais correta a se fazer. E por essa razão, o *bom senso* é muito mais do que um "estalo" que viria "não sei de onde". Ele é consequência de uma autonomia lapidada, conquistada por um indivíduo maduro, intelectualmente competente e de caráter sólido, sendo, portanto, apto para tomar as melhores decisões.

Equacionar, portanto, é a capacidade de colocar todos os elementos envolvidos na questão numa *balança* para então pesar, ponderar e tomar a decisão adequada. Seja por brigar até o fim, "dando o próprio sangue", para fazer valer a regra, ou quebrá-la, se for preciso, em prol de um bem maior. Em prol, sobretudo, dos valores universais e/ou organizacionais. A própria palavra *pensar* vem do latim e significa *pesar*. Quando pensamos, estamos fazendo esse exercício. Quando *equacionamos*, estamos exercendo o pensamento autônomo! A propósito, o símbolo da justiça é representado por uma balança. Um julgamento justo é, portanto, um julgamento equilibrado, equacionado. Qualquer desequilíbrio no julgamento representa um erro de pensamento, ou também, um erro de pesagem.

Equacionar problemas é uma competência do pensamento abstrato

Um psicopata, por exemplo, tem como característica fazer uso da mentira, sobretudo a mentira manipuladora, recorrente e utilizada para tirar proveito de outrem. Mas ele também sabe ser sincero. E pode assim o ser, para exercer seu sadismo no intuito de humilhar e/ou enfraquecer sua vítima, atingindo de forma precisa o seu ponto fraco. Ele reconhece, portanto, a diferença clara entre a verdade e a mentira e sabe usar isso a seu favor, com muita habilidade. Diferentemente do psicopata, há também os que costumam dizer sempre "a mais pura verdade", mas fazem isso de forma até ingênua ou imatura, apenas por obediência literal à regra moral que lhes foi ensinada desde muito cedo: *não mentir.*

Todo mundo, em algum momento da infância, aprendeu que se deve falar a verdade e que mentir é errado. Ou seja, todos nós internalizamos essa valiosa regra moral que nos pede para não enganar o outro. Aí, você se reúne com a família para fazer uma festa surpresa e diz ao ouvido da criança que está presente, participando da operação: "Não conta para a Tia Marta que nós vamos levá-la num restaurante. Eu vou dizer que ela precisa ir comigo na casa da vovó buscar um remédio". E a criança te olha espantada diz: *Nossa! Mas a gente vai mentir?*

A criança diz isso, e muito naturalmente (geralmente até os 5 anos de idade), porque o seu cérebro está em formação e ela ainda não dispõe de recursos mentais para **equacionar** uma regra, que acabou de aprender. Ela ainda está em processo de *assimilação* e *acomodação*[24] dessa regra. Já de um adulto, obviamente, espera-se que ele tenha superado essa fase. Isto é, embora a regra *não mentir* seja absolutamente clara, aqui a mentira é totalmente permitida e não representa uma *transgressão*. Muito pelo contrário, mesmo do ponto de vista moral. Pois ao levar em conta a ***intenção*** que motiva a ação de mentir, fica fácil julgar que há uma

---

[24] **Assimilação e acomodação** são conceitos piagetianos, que designam etapas do aprendizado de modo que ele seja "assimilado" pelo indivíduo, até "acomodar-se" junto às estruturas cognitivas já consolidadas.

legítima vontade de surpreender alguém positivamente, de fazer essa pessoa feliz. Nesse caso, é quem diz a verdade e estraga a surpresa, o leviano.

Visto isso, nesse equacionamento, temos, de um lado da balança a regra *não mentir* e, de outro, a possibililidade de fazer alguém feliz, em prol de um objetivo comum: a intenção compartilhada pelo grupo familiar de tornar especial o dia do aniversário de um membro querido dessa família. E o pensamento autônomo, nesse caso, só tem uma escolha sensata a fazer: **desobedecer** a regra *não mentir*.

O psicólogo e professor da USP, Yves de La Taille, ao escrever *Moral e Ética: Dimensões Intelectuais e Afetivas*, ressalta que "as regras de conduta jamais possuem uma precisão matemática e, por essa razão, são sempre limitadas". Para que se possa realmente compreendê-las é preciso, como já dito, ir além de sua interpretação literal e penetrar no seu "espírito". Ele cria a seguinte metáfora para ilustrar sua ideia: as regras correspondem a "mapas" e os princípios correspondem à "bússola", que ajuda a traçar os mapas. Sendo assim, no caso de um ***equacionamento***, os princípios pesam mais na balança, uma vez que as regras são superficiais, pois têm apenas uma aplicabilidade prática e objetiva. Mentir, no caso da festa surpresa, não fere o *princípio* que criou a regra, à medida que não abala o bem-estar comum.

Contudo, no que diz respeito à festa surpresa, tudo pode parecer um tanto óbvio até aqui. Mas à medida que as situações apresentadas ao sujeito, vão se tornando mais complexas, equacionar um problema deixa de ser tão simples assim. Certa vez comprei um livro sobre ética no trabalho e a autora (cuja formação inclui um título de doutorado) explicava que mentir no currículo é uma falta de ética profissional. Que não devemos, por exemplo, afirmar que trabalhamos em tal lugar, ou que fizemos tal curso de graduação, se isso não for verdade. Confesso que, em um primeiro momento, estranhei essa observação e fiquei em dúvida se a inteligência do leitor não estava sendo subestimada. Hoje penso de forma diferente. Imagino que a sua experiência com o tema, somada às perguntas que, provavelmente, já lhe foram feitas no final de aulas e palestras, a fez perceber que, para alguns adultos, existe, de fato, uma dúvida sobre se isso é realmente grave – e cuja resposta é (ou deveria ser) óbvia. Afinal, é claro que mentir no currículo é uma *transgressão*.

Em contrapartida, me surpreendo com a extrema sinceridade de algumas pessoas, mesmo quando isso implica, no mínimo, em uma indelicadeza. Observo isso, por exemplo, toda vez que alguém recebe um presente e diz, "na lata": "Hummm, não gostei, posso trocar?". E o amigo que comprou o presente, com tanto carinho, abaixa a cabeça sem graça, como se tivesse cometido a maior gafe.

Tais comportamentos denunciam que existe, sim, no nosso universo "adulto", um grau de imaturidade sobre questões que envolvem mentira e sinceridade (e não somente sobre esses valores). E, nos dois casos, qualquer um de nós pode realmente fazer uma certa confusão. O ***"supersincero"***, personagem interpretado por Luiz Fernando Guimarães, além de ser uma sátira genial, retrata essa problemática por meio de um tipo de pessoa que realmente existe na vida real. E, às vezes, é para esse alguém que temos a infeliz ideia de perguntar: "Você acha que eu engordei? Você gostou do meu novo corte de cabelo?".

O "supersincero" é um legítimo heterônomo, pois para ele a regra *não mentir*, é aplicada ao pé da letra. Existe marido *supersincero*, chefe *supersincero* e também amigo *supersincero*. São pessoas capazes de ferir o outro em suas colocações, sem a menor intenção da violência. E isso acontece, sempre que nos relacionamos com o conceito de "verdade", conservando resquícios do pensamento concreto. Algo, porém, que precisa ser superado. **Pois entre a mentira deslavada e a verdade dilacerante existe, sim, um caminho do meio, chamado *bom senso*, *que nos permite ser sinceros na medida certa*.** Não é à toa que o próprio Kohlberg, que enfatizou na *justiça* o cerne da moralidade, também reconheceu que a moral tem uma virtude relacionada à bondade e à fraternidade – o que também podemos chamar de ***ética do cuidado***.

A ***ética do cuidado*** é um termo defendido por Carol Gilligan, filósofa, psicóloga e professora da Universidade de Harvard. Gilligan entende que a *ética da justiça* negligencia dimensões importantes do sentido de responsabilidade pessoal, que caracterizam a ética feminina: uma ética em que as questões do contexto e circunstâncias particulares são encaradas como legitimamente envolvidas na formação de um juízo moral. Sendo assim, ela identifica duas dimensões para a orientação moral: a das mulheres, orientada para o *cuidado*, e a dos homens, orientada para a *justiça*. Segundo Gilligan, desde muito cedo as meninas já desenvolvem o *cuidado* para com as outras pessoas, muito mais do que os meninos (talvez por uma questão cultural) e isso faz com que, quando adultas, privilegiem virtudes morais de *generosidade* – enquanto os homens privilegiam virtudes morais de *justiça*. Devido ao reconhecimento de seu trabalho, Gilligan tornou-se a primeira professora de estudos de gênero, embora tenha sido também muito criticada por defender uma teoria considerada feminista. Contudo, independentemente dessa polêmica questão, é preciso considerar a relevância do tema, no sentido de incorporá-lo às relações humanas – o que, obviamente, inclui o ambiente de trabalho.

Sendo assim, o indivíduo autônomo, portanto, é aquele vai em busca desse caminho do meio (algo talvez entre a justiça e o cuidado e a generosidade), o qual exige, obviamente, muito mais de si, em seus relacionamentos. Isso porque, a melhor resposta para as mais inusitadas situações, nunca está pronta em um manual. Ela é consequência de um esforço mental, de um *equacionamento no qual regras e princípios são colocados na balança*. Trata-se de um exercício no qual as palavras (e as atitudes) são pesadas, em busca de uma conduta acertada, equilibrada e adequada ao momento, ao ambiente e, sobretudo, às possibilidades e às necessidades do outro (se está sob forte estresse, se está com depressão, se acabou de perder o emprego, se está usando drogas... ou se pensa estar acima do bem e do mal). O indivíduo autônomo sempre reconhece que vale a pena *equacionar* e que o aprimoramento das relações humanas exige esse exercício, ou melhor, esse **cuidado com o outro**. Só que para trilhar esse caminho é preciso atingir níveis mais sofisticados de abstração do pensamento. Pois a rigidez, a inflexibilidade e a literalidade do pensamento concreto são limitações a serem transpostas para que haja um bom *equacionamento das regras de conduta*.

Quando houver uma dúvida profunda sobre a qualidade de um equacionamento empregado, uma saída para esse conflito é aplicar o *imperativo categórico*, formulado por Kant. Para tanto, é preciso realizar o seguinte exercício: converta a ação escolhida, como resultado desse equacionamento, em uma lei universal. Isto é, pergunte-se o que aconteceria no mundo se todas as pessoas optassem por fazer o mesmo. Se a resposta for a consequência de um mundo melhor, para todos, o equacionamento foi acertado. Isto é, foi moralmente justo e de forma alguma violou os valores universais. Obviamente, a recíproca também é verdadeira: se a conclusão for que se todos optassem por essa mesma ação, o mundo se tornaria um caos, havendo uma total degradação dos direitos humanos, certamente essa equação precisa de um novo balanço. No caso do exemplo proposto, cujo tema era a festa surpresa, é claro que não haverá prejuízo algum à humanidade, caso todas as pessoas continuem mentindo ao aniversariante, no intuito de proporcionar-lhe uma homenagem inesperada.

Avaliação, desempenho e equacionamento

Se equacionar uma fala é um cuidado que devemos ter nas relações em geral, esse cuidado deve ser, no mínimo dobrado, quando se trata de uma avaliação formal. Principalmente se o avaliador for um professor ou um líder no ambiente de trabalho. Isso porque, nesse caso, o que está efetivamente em jogo é o desenvolvimento de uma pessoa – ou a sua estagnação.

Uma avaliação de desempenho, por exemplo, deveria

ser um momento sagrado em todas as empresas. E, muitas vezes, esse processo é feito como apenas uma tarefa a mais, que precisa terminar logo, porque o "chefe" tem outras prioridades. Só que é justamente nesse momento que se constrói, ou se destrói totalmente, o vínculo do indivíduo com o seu "líder" e, consequentemente, com a organização – o que implica diretamente nos resultados que se deseja alcançar. Infelizmente, existe muito chefe *supersincero* que, ao levar a regra *não mentir* "ao pé da letra", transforma a avaliação de desempenho em um nocaute, ainda que sua intenção não seja essa. E o colaborador sai da sala com a autoestima tão rebaixada que, consequentemente, deixa de confiar em si mesmo. Ainda mais grave é quando esse chefe, econômico nos feedbacks que deveriam ser dados durante o semestre, transforma esse "momento único" em uma dura surpresa, ao apontar todas as suas críticas de uma só vez. É preciso lembrar, que ao enfraquecer o colaborador, fica mais difícil atingir desempenho de *alta performance*.

Por outro lado, também não faz o menor sentido, obviamente, mentir em relação a algum aspecto que está sendo avaliado. E, muito menos, agir como um "paizão" ou "mãezona" que acoberta falhas, sem exigir responsabilidade e sem cobrar resultados efetivos. Qualquer indivíduo que for deixado numa zona de conforto, lá irá ficar, e estagnar. Dar boas notas com medo de melindrar o colaborador é tão nocivo quanto humilhá-lo. E esse comportamento oposto também acontece rotineiramente nas organizações – o que também denuncia essa falta de *equacionamento* na avaliação de desempenho.

Sendo assim, é claro que todos os pontos que serão abordados pelo líder nesse momento crucial para o desenvolvimento do indivíduo (sua avaliação de desempenho), precisam ser muito bem pesados na balança. É hora, portanto, de *equacionar,* utilizando o *pensamento autônomo*, na busca do equilíbrio necessário para estimular o melhor desempenho possível, reconhecendo a diferença entre: ser firme e justo, ou ser arrogante e impiedoso, ou ser compassivo em demasia. Qualquer conduta, por parte de um avaliador, que desconsidere essa reflexão, levará ao fracasso ou à estagnação do indivíduo. Equacionar uma avaliação é, acima de tudo, uma atitude de respeito ao outro.

Contudo, ainda que esse cuidado já seja motivo suficiente para um líder lapidar sua conduta, **equacionar uma avaliação é também uma questão de priorizar a eficiência, pois para se colher resultados é preciso potencializar o desempenho dos indivíduos.** Nesse contexto, é importante lembrar que o que caracteriza a verdadeira liderança é a capacidade de influenciar pessoas – de modo que ajam da melhor forma possível, dando o melhor de si – quando espontaneamente não o fariam. E isso é muito diferente de controlar, subestimar, aterrorizar ou simplesmente se omitir sendo "bonzinho". Pois a natureza da verdadeira influência é sutil e delicada, embora, ao mesmo tempo, mais assertiva e duradoura. Uma fábula antiga permite essa analogia:

> O Vento desafiou o Sol para saber quem era o mais poderoso. O Sol resistiu em entrar numa disputa que para ele não fazia sentido. Mas o Vento tanto insistiu, que o Sol acabou concordando. Nesse momento, um viajante passava pela estrada. E o vento propôs que o primeiro que conseguisse arrancar o casaco daquele homem, seria o vencedor do desafio. O Vento reuniu todas as suas forças e soprou violentamente. Ele conseguiu arrancar o primeiro botão... o segundo..., o terceiro..., mas quanto mais ele soprava, mais o homem segurava firmemente o seu casaco. O Vento, então, exaurido de suas forças, desistiu. Quando chegou a vez do Sol, ele abriu um sorriso enorme e começou a brilhar sobre o viajante que, com calor, tirou o casaco e continuou sua caminhada.

Esta fábula, em sua simplicidade, nos ajuda a desconstruir a ideia formada por alguns chefes de que somente na truculência é possível fazer com que as pessoas "se mexam". Caso contrário, se dermos "moleza", ficarão preguiçosas e mal-acostumadas. Há até programa televisivo sobre culinária que reforça esse tipo de conduta (talvez porque o objetivo seja elevar a audiência – e não o real desenvolvimento de pessoas). Enquanto o documentário "Jiro Dreams of Sushi", que fala sobre o restaurante mais caro e disputado entre todos, por ser o melhor do mundo em sua especialidade, demonstra com clareza a diferença entre ser ultraexigente, ou extremamente grosseiro, em uma relação de liderança.

Existem dois tipos de pessoas que, *aparentemente*, reagem bem a feedbacks muito agressivos. O primeiro deles, é aquele que legitima essa atitude para consigo mesmo, pois também sonha com o dia no qual irá poder fazer o mesmo com o seu subordinado. Paulo Freire discorreu claramente sobre esse mecanismo em sua *Pedagogia do Oprimido*, ao afirmar que o oprimido carrega um opressor dentro de si, como já dito em capítulo anterior.

O outro perfil que reage bem a uma crítica avassaladora, são os indivíduos capazes de ativar um mecanismo sofisticado de sublimação. Esse mecanismo faz com que transformem a raiva que sentiram (embora não demonstrada, obviamente) em fonte de energia. Isto é, em combustível motivacional para provar o quanto esse "chefe" estava realmente enganado sobre a sua capacidade. Só que agindo dessa forma, será que esse "chefe" terá um verdadeiro aliado em sua equipe? Vai depender do caráter do avaliado, portanto não deixa de ser um tiro no escuro.

Um grande líder, geralmente o é por ser um conhecedor da psique humana, sendo capaz de antecipar algumas reações, compreender os anseios mais comuns das pessoas, assim como os seus limites emocionais. Algo que também poderíamos chamar de "inteligência interpessoal"[25], como

---

[25] **Inteligência Interpessoal** é um conceito descrito por Howard Gardner, teórico das Inteligências Múltiplas. A inteligência interpessoal diz respeito à capacidade apurada de um indivíduo em perceber o outro: seus estados emocionais, seus desejos e necessidades. Gardner listou outras inteligências, tais como: intrapessoal, linguística, lógico-matemática, musical, corporal, espacial, naturalista e existencial.

descreveu Howard Gardner. Para tanto, esse líder não precisa fazer um curso de psicologia que lhe permita desvelar "os segredos inconscientes" dos indivíduos. Um bom começo é desenvolver a capacidade empática de se colocar no lugar do outro e imaginar o que faria (e como se sentiria) na sua posição. Ser um líder acessível, aberto, receptivo, ter uma relação transparente e, sobretudo, ser próximo, também faz com que as pessoas possam se comunicar com espontaneidade. *Saber ouvir* é muito mais simples do que querer "adivinhar" o que as pessoas estão pensando, para então saber lidar com elas.

E esse saber ouvir, sem dúvida, não tem nenhuma relação com demonstração de fraqueza ou insegurança. Ao contrário, pois a escuta é fundamental para quem deseja ser um líder educador. Paulo Freire dizia que escutar é um "abrir-se" para uma percepção ampliada do outro, que envolve reflexão e posicionamento. Em suas palavras:

"Escutar é, obviamente, algo que vai mais além da possibilidade auditiva de cada um. Escutar significa a possibilidade permanente para a abertura à fala do outro, ao gesto do outro, às diferenças do outro… A verdadeira escuta não diminui em mim, em nada, a capacidade de exercer o direito de discordar, de me posicionar. Pelo contrário, é escutando bem que me preparo para melhor me colocar ou melhor me situar do ponto de vista das ideias".

Por fim, quem deseja conquistar aptidões de liderança precisa ter em mente que a qualidade da relação com a equipe é fundamental para se colher resultados satisfatórios. E essa conquista depende do diálogo (que envolve a escuta).

Até porque, não basta atingir resultados apenas imediatos. O importante é construir e fortalecer um vínculo duradouro, para também colher a longo prazo. Um líder educador é aquele que age com a sabedoria de um sol que ilumina potenciais e irradia calor humano, para promover mudanças perenes, na medida certa. É preciso conciliar o tempo de cada um, com os reais prazos da organização, numa "pesagem" muito bem equilibrada. Os melhores resultados dependem, sempre, da competência ao se realizar esse *equacionamento*.

Investir nos potenciais e não nas fraquezas

Outro conceito – muitas vezes interpretado ao pé da letra no mundo corporativo –, é o de "desenvolver o indivíduo como um todo". Chegando ao final de uma avaliação de desempenho, o chefe simplesmente deixa de lado todos os pontos que foram bem avaliados – e ele o faz, por considerar que em relação a esses aspectos não há o que melhorar, pois está tudo OK. Em seguida, esse chefe se dirige aos pontos que foram mal avaliados (as fraquezas do indivíduo) e transforma-os em seu "plano de desenvolvimento". Isto é, um pacote de tarefas para estimular todos os seus pontos fracos. O que na prática, se torna um fardo a ser carregado. E esse chefe age assim com boas intenções, como já dito, no intuito de promover um desenvolvimento global. Mas essa aplicação do conceito, além de ser muito literal, é também ineficaz, porque desmotiva o colaborador. Afinal, na maioria das vezes, nossos pontos falhos estão justamente naquilo que não gostamos de fazer e que temos dificuldade por falta de afinidade, de interesse e até mesmo de paixão.

A razão desse comportamento do avaliador, talvez seja a repetição de um padrão familiar, presente desde a infância de quase todos nós. Também com as melhores intenções, os pais se preocupam somente com as notas mais baixas dos filhos (mesmo se estão dentro da média). Quando possível, contratam professor particular; convidam o colega bom aluno para estudar em casa; proíbem o videogame durante a semana, na esperança de não tirar o foco dos estudos etc. E é claro que essa preocupação faz sentido. Mas, infelizmente, todos os esforços se concentram exclusivamente nos pontos fracos. E os potenciais genuínos são deixados de lado. Imaginemos um boletim mais ou menos assim:

ANO ESCOLAR

MÉDIA 5,0 (20 PONTOS NO TOTAL PARA PASSAR SEM EXAME)

BIMESTRE	1º	2º	3º	4º
PORTUGUÊS	10,0	9,5	10,0	?
MATEMÁTICA	5,5	6,5	6,0	?

Neste cenário, dificilmente os pais conversariam assim: "O que podemos fazer para estimular os ***potenciais*** do nosso filho? Como agir em relação às disciplinas nas quais ele só tira nota alta? **Que estratégias podemos adotar para que ele desenvolva, ainda mais, a linguagem e o gosto pela literatura?**" Raramente, ou nunca, isso acontece. Pois o foco seria apenas em torno da matemática. Só que nota alta garante passar de ano *na escola* e não *na vida*. Pois na vida, o sucesso profissional depende de se atingir níveis de sofisticação e excelência em outros patamares.

Voltando ao contexto corporativo, já vi diretor de empresa, que sob o argumento de "desenvolver o indivíduo como um todo", mudou o colaborador de setor (no qual ele gostava muito da função que exercia), colocando-o para atuar em algo justamente vinculado ao seu ponto fraco na avaliação. E, depois, esse mesmo diretor não entendeu porque a motivação do colaborador simplesmente despencou. Se fosse assim, um técnico de futebol deveria colocar o seu melhor atacante para jogar como zagueiro. E, se assim ele fizer com o time todo, trocando todas as camisas, jamais ganhará uma única partida. No futebol, isso nunca acontece, mas no mundo corporativo é assim que muitos chefes, sem se dar conta, "escalam" sua equipe para disputar com a concorrência.

É claro que as falhas precisam ser sinalizadas aos colaboradores, assim como também precisam ser corrigidas. Quanto a esse aspecto, não há o que discutir. Mas essa "correção" deve acontecer para que essas falhas não comprometam os processos em andamento. Isto é, elas devem ser minimizadas e, se possível, superadas. Mas nunca devem ser o foco do **plano de desenvolvimento. Pois esse plano de desenvolvimento deve ter como objetivo central, o aprimoramento constante dos potenciais que o indivíduo já apresenta, genuinamente.** Isso porque, o ser humano sempre pode ser melhor, naquilo que já é bom. Não é à toa que nas Olimpíadas, muitas vezes quem bate o novo recorde é o próprio campeão do evento anterior, superando a si mesmo.

Resumindo: na prática, no final de uma avaliação de desempenho o líder deve delegar tarefas cujo foco está nos potenciais do seu colaborador. E que tenham um grau de dificuldade maior, ao qual o sujeito está habituado. Na verdade, não são apenas tarefas, são *desafios* que provoquem a superação do que já é bom ou ótimo, sempre em busca de um nível cada vez mais audacioso de excelência. E q**uando os desafios estão atrelados aos potenciais que foram bem avaliados, fica muito mais fácil dar autonomia** – o que nesse contexto faz muito sentido. Caso contrário, delegar tarefas complexas, nas quais o colaborador é fraco, seria "um tiro no pé".

E nada impede que essa autonomia seja dimensionada em um diálogo próximo, transparente, estabelecido pelo respeito mútuo e por um objetivo comum: melhorar o desempenho de cada indivíduo e, consequentemente, da organização como um todo, preparando uma equipe realmente forte. No fundo, é como formar um time de futebol, no qual escolhe-se a "melhor camisa" para cada jogador, no intuito de ganhar a partida. É apenas uma questão de colocar a pessoa certa, na posição certa.

Investir nos potenciais é fundamental para se desenvolver uma equipe autônoma, capaz de se organizar e de buscar soluções criativas e eficientes, à medida que os problemas vão surgindo. Para tanto, o líder também precisa ser autônomo – diferentemente do paizão protetor, do autoritário que gera medo, ou do controlador que vigia cada passo e sufoca o colaborador. O líder autônomo estimula a *autodisciplina*, permitindo que as pessoas se organizem a seu modo, e façam as coisas do seu jeito. Mas ele alinha objetivos, prazos, **equaciona desafios** – e estabelece padrões de qualidade para a entrega final.

Quanto ao avaliado, cabe a ele ter uma postura autônoma no sentido de assumir responsabilidades em relação às suas falhas, para que sejam corrigidas. Para tanto, **é preciso ter *resiliência* para saber lidar com as críticas recebidas – e *protagonismo* para se comprometer com ações que, efetivamente, vão refletir em uma "*melhoria contínua*"** do seu desempenho.

Por fim, ao falar em "*melhoria contínua*", eis aqui mais um termo da lista dos jargões corporativos, interpretados ao pé da letra. Certa vez, fazendo consultoria em uma multinacional (em um projeto focado em liderança e autonomia), fiquei surpresa com a proposta de "melhoria contínua", que partiu de um diretor do alto escalão. Ele determinou aos colaboradores de chão de fábrica, que *todos* colocassem ideias de melhoria numa caixa de sugestões, também *todos* os dias. E se falhasse um único dia, haveria algum tipo de represália, visto que, no seu entendimento, só assim a melhoria desejada, poderia ser contínua. Nos primeiros dias, a resposta foi positiva. Mas, obviamente, em pouquíssimas semanas já não havia mais o que sugerir. E os operários, esgotados com a situação e absolutamente pressionados com essa demanda impossível, começaram a sujar as paredes, a quebrar os equipamentos, a "perder" ferramentas, enfim, passaram a destruir o local. Sabe por quê? Para, então, poder sugerir pintura, conserto, compra de materiais, enfim, todos os tipos de melhoria no que, diariamente, estava sendo danificado, propositadamente.

Essa imagem da caixinha de sugestões diárias, isolada de outras estratégias de ação mais elaboradas, foi um tanto equivocada por ser uma interpretação muito concreta, muito literal. E o conceito de "melhoria contínua" exige um pouco mais de abstração...

Quando, por exemplo, um líder estabelece metas à sua equipe, essas metas precisam ser bem ***equacionadas***, independentemente do setor, e em qualquer organização, para que haja, de fato, uma ***melhoria contínua***. Sendo assim, uma meta deve sempre ser calculada de acordo com indicadores anteriores, para que se possa exigir uma superação do que já foi conquistado, impondo um **moderado/superior** grau de dificuldade. Isso porque, se o exigido for considerado impossível, acarretará, sem dúvida, em comportamento de desmotivação ou desgaste profundo (como aconteceu com os colaboradores da fábrica anteriormente citada). É preciso levar em conta, também, que o estresse em elevadíssimo grau, pode ser destrutivo tanto para o corpo, como para a mente – e, por conseguinte, também para a própria empresa. Vale aqui novamente o exemplo das Olimpíadas: mesmo quando a exigência é de *altíssima performance*, um novo recorde geralmente é próximo ao anterior. Às vezes, são frações de segundos que determinam a nova marca que fará jus à medalha de ouro.

Obviamente, se a meta também for fácil demais, se o líder não for capaz de dar à tarefa um "gostinho de desafio", corre-se o risco de um retrocesso. A acomodação nunca leva ao mesmo resultado. Ou seja, quem se acomoda, não estaciona, **quem se acomoda anda para trás. Pois em cenários complexos, às vezes é preciso um grande esforço, apenas para manter-se na mesma posição.**

Mais agravante ainda, nesse cenário, é quando diante de uma meta inalcançável, o colaborador que não a atingiu recebe uma nota baixa em sua avaliação. É aí que a motivação despenca. Boa parte das empresas quer saber de um consultor como motivar seus colaboradores. Só que, em muitos casos, a questão é: *como não desmotivar os colaboradores?*

Entre a desmotivação (diante do impossível) e a acomodação (diante do que é fácil demais), existe sempre a possibilidade de um **desafio** legítimo e sensato, que depende da qualidade do **equacionamento** do líder autônomo, ao estabelecer as metas de sua equipe. Para tanto, esse líder autônomo – que é também líder educador – precisa levar em conta que o homem é realmente movido por desafios, desde que sejam plausíveis. E isso serve para tudo na vida. Pois a maioria das pessoas (com senso crítico e autoestima equilibrada) tende a demandar esforços em direção ao que ainda não é "certo", mas, que apesar da aparente dificuldade, existe, sim, alguma possibilidade real de conquista.

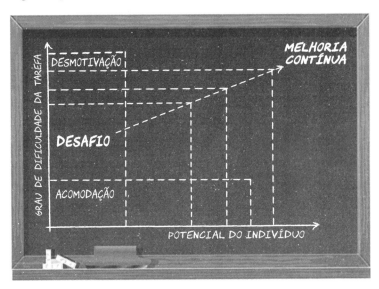

Equacionar é criar uma "musculatura moral" eficiente

No contexto corporativo, dizer que uma pessoa autônoma é aquela que "age de acordo com a consciência", pode soar não só como algo complicado, mas, sobretudo, como um sinalizador de perigo iminente. Bater metas, atingir objetivos e apresentar resultados consistentes é o foco de todo executivo comprometido. Isso é fato. O que leva, inevitavelmente, esses executivos a enfrentar conflitos em sua gestão – e a se deparar com decisões realmente difíceis de serem tomadas –, quase como uma rotina. Inúmeras são as situações que podem perturbar sua paz de consciência: fazer "vista grossa" diante de uma situação de assédio (moral ou sexual), demitir bons colaboradores em momentos de crise, ser pressionado a adulterar "só um pouquinho" o relatório de vendas... e assim por diante.

Enfim, agir de acordo com os próprios valores, em alguns casos, pode ter um preço muito alto a se pagar. Pois é totalmente compreensível, que profissionais competentes desejem ser bem-sucedidos e construir um carreira ascendente na corporação. O que não significa, nem de longe, uma "psicopatia engravatada", uma ganância sem limites, ou falta de escrúpulos. Ter ambição é condição necessária, principalmente para quem ocupa cargos de liderança. E evitar conflitos com pessoas das quais dependemos para obter contratos ou promoções é, no mínimo, uma questão de prudência e de bom senso. Entretanto, também podemos constatar que o envolvimento em escândalos de corrupção empresarial representa, igualmente, um risco iminente. E o mapa atual nos tem dado provas concretas disso, praticamente todos os dias. O que fazer diante de tal desafio?

Responder tal questão não é nada simples, assim como também não existe receita imbatível. Contudo, existem, sim, caminhos que podem ser efetivos nesse processo. Quem aposta nisso é a professora da Escola de Negócios da Universidade de Harvard, Mary Gentile. Ela, que também é consultora na área de ética empresarial, discute o tema no livro *Giving Voice to Values* (algo como: *Dando Voz aos*

Valores). Segundo a professora, sempre vamos nos deparar com barreiras para agir de forma ética. Quanto a isso, não restam dúvidas. Mas também é verdade que existem pessoas em todos os níveis hierárquicos que são capazes de encontrar meios para lidar com o problema e atuar de modo a não violar seus princípios. A professora aponta que, em geral, os mais jovens costumam fazer perguntas ousadas ou reunir dados que tenham sido subestimados ou negligenciados em algum estudo. Por sua vez, os veteranos apostam na sua credibilidade, sabendo usá-la de modo habilidoso para vender suas ideias e posições, angariando aliados. Isto é, sempre é possível adotar uma estratégia capaz de "driblar" as dificuldades, sem necessariamente cometer "suicídio corporativo".

Como proposta, Gentile afirma que é preciso desenvolver uma "musculatura moral", assim como os atletas que, no treino diário, conquistam uma musculatura física resistente e muito bem definida – que os permite vencer competições. E o primeiro passo é evitar sucumbir às pequenas provações. É preciso ser firme diante do sedutor argumento: "Só dessa vez". Pois quando se cede uma única vez, fica cada vez mais difícil evitar uma pressão gradativa e sem limites. Vale lembrar, que empresas envolvidas em processos escandalosos, sempre denunciam a ocorrência de um padrão repetitivo, no qual "pequenas" transgressões implicam num grande círculo vicioso, até que não haja mais saída. Em sua análise, a professora é categórica: agir mal em casos menores pode tornar mais fácil repetir o erro em problemas maiores. Logo, a recíproca é verdadeira, pois agir corretamente em situações aparentemente irrelevantes, irá desenvolver a "musculatura" necessária para também se agir eticamente em cenários mais complexos.

Complementando as ideias da autora, acredito que a qualidade das estratégias adotadas para solucionar conflitos de ordem moral, também depende, sobretudo, da capacidade autônoma do sujeito. E tal capacidade, por sua vez, é também proporcional ao nível de abstração do pensamento. Pois quanto mais literal, mais rudimentar o estágio cognitivo de uma pessoa, menos capaz ela será de encontrar soluções práticas e/ou criativas para problemas aparentemente insolúveis. Sendo assim, o aprimoramento do pensamento autônomo é também o melhor caminho para se *equacionar* conflitos e desenvolver essa "musculatura moral", cuja flexibilidade e jogo de cintura permitem alcançar resultados mais sólidos e, ao mesmo tempo, mais audaciosos.

Pessoas autônomas são "difíceis de lidar"?

Desfazer o mito de que pessoas autônomas são "difíceis de lidar" é, no mínimo, imperativo. Afinal, trabalhar com indivíduos autônomos não significa, nem de longe, estar rodeado de pessoas que vão questionar todas as coisas, o tempo todo, polemizando tudo o que acontece no dia a dia. E nenhum líder atingirá resultados, cercado de indivíduos que se comportam dessa forma.

Vamos esclarecer alguns pontos: pensamento crítico é a capacidade consistente de avaliação e de análise de problemas, demonstrada por um indivíduo intelectualmente

AUTONOMIA, RESILIÊNCIA E PROTAGONISMO

competente. E quando essa capacidade está bem consolidada, espera-se também que ele seja capaz de avaliar se o momento pede questionamento, ou complacência, ou colaboração efetiva. Uma pessoa autônoma é, acima de tudo, um indivíduo maduro, de bom senso, que alcançou esse discernimento. E, além disso, é alguém que tem objetivos claros, por exercer o seu protagonismo. Isso faz com que seja capaz de hierarquizar prioridades, evitando debates inúteis, que dispersam energia e desviam dos verdadeiros propósitos. É bom lembrar, que o pensamento crítico é fundamental para proteger a própria empresa, em diversas situações. Portanto, contar com pessoas que atingiram esse patamar cognitivo, pode livrar a organização de eventuais comprometimentos extremamente embaraçosos.

Ao contrário do que muitos imaginam, uma pessoa autônoma tende a ser apaziguadora e a ceder em muitas circunstâncias, para não perder tempo e nem alimentar "picuinhas" que lhe tirem do seu foco. E, por essa razão, ela não age como um rebelde, causando tumultos e problemas. Quem polemiza demais, quem se dispõe a comprar qualquer briga, é porque também tem tempo ocioso demais. Gente que critica muito, trabalha pouco. E isso ocorre porque falta protagonismo na vida desse sujeito, que parece viver em prol de discussões irrelevantes, ou inventando problemas para mascarar um vazio existencial, uma falta de rumo. Em suma, **uma pessoa autônoma é absolutamente comprometida com o seu trabalho, procurando, sempre, entregar o melhor possível, sem que ninguém precise exigir isso dela. Ela mesma se cobra, porque "governa a si mesma". Caso contrário, sua própria consciência lhe trará tormentos.**

No entendimento de Paulo Freire, o *compromisso profissional* representa, também, o comprometimento pessoal com um grupo maior. Isto é, com a sociedade, com a consciência do papel de cada um, e com a necessidade de aprimorar-se, em busca da visão crítica da realidade. Visto isso, o educador afirma:

> "Quanto mais me capacito profissionalmente, quanto mais sistematizo minhas experiências, quanto mais utilizo o patrimônio cultural, que é patrimônio de todos e ao qual todos devem servir, mais aumenta minha responsabilidade com os homens".

Por outro lado, sabe-se que um profissional comprometido, consciente de que entrega *resultados*, dando o melhor de si para a organização, é alguém que reconhece (e muitas vezes reivindica) o seu direito de ter *também* uma vida pessoal, além da profissional. Para muitos, não vale a pena pagar o preço "de não ver o filho crescer". E a empresa que não entender isso, corre o risco de perder excelentes profissionais para a concorrência, sem que ela precise, sequer, oferecer um salário melhor. Basta permitir que esse colaborador tenha mais qualidade de vida. E, atualmente, qualidade de vida é sinônimo de tempo para si – e não de dinheiro para se adquirir mais e mais posses.

Difícil mesmo, é trabalhar com gente imatura. Difícil mesmo, é trabalhar com gente que não assume riscos: gente que cruza os braços, com medo de tomar decisões. Difícil mesmo, é gente que obedece, mas não se compromete. Os heterônomos, em geral, diferentemente do que aparentam, são pessoas "difíceis de lidar". Pessoas autônomas são adultos responsáveis. São indivíduos que todo líder sensato gostaria de ter por perto, em qualquer situação. Principalmente quando se está em apuros, ou sob pressão intensa por resultados mais satisfatórios. Pois pessoas autônomas são aquelas que, efetivamente, nos transmitem a segurança de que temos com quem contar.

Em linhas gerais, suas principais características são:

1. Autodisciplina – sabem se organizar e reconhecer prioridades;

2. São capazes de equacionar regras, para que tenham uma aplicação acertada;

3. Assumem responsabilidades com a devida maturidade;

4. Tomam decisões equacionadas, utilizando o bom senso;

5. Compreendem e aplicam conceitos utilizando o pensamento abstrato – e não o pensamento concreto (ao pé da letra);

6. Têm iniciativa para resolver problemas, em vez de ficar paralisadas esperando ordens (são proativas);

7. Agem de acordo com a própria consciência, porém alinhada aos valores éticos universais e da corporação;

8. São capazes de "governar a si mesmas", pois desenvolveram o autocontrole e padrões de autoexigência;

9. São resilientes, pois abraçam seus objetivos e não desistem facilmente, apesar da pressão, das dificuldades, ou mesmo sob forte estresse nos momentos de crise;

10. São protagonistas de suas vidas particulares e de suas carreiras profissionais, à medida que assumem para si a responsabilidade de sua evolução moral e intelectual constantes.

Por fim, já quase encerrando uma das primeiras etapas deste livro – e agora munidos de certo repertório –, retornemos à problemática inicial da "Torre de Babel", que merece um alinhamento. Conceituar "o que é autonomia", em toda a sua abrangência, talvez seja impossível. Mas para o mundo corporativo se faz necessário, sim, focar uma direção objetiva, à qual proponho a seguinte definição: autonomia no trabalho pode ser considerada uma competência – **a competência que advém da maturidade (moral e intelectual do indivíduo), que se expressa na responsabilidade por** *fazer escolhas,* **tomar decisões** e *equacionar problemas,* **em prol de uma solução** *ética* e *acertada*.

> **AUTONOMIA**
> É a competência que advêm da MATURIDADE (moral e intelectual), que se expressa na **responsabilidade** por **fazer escolhas**, **tomar decisões** e **equacionar problemas**, em prol de uma solução
> **ÉTICA E ACERTADA**.

CAPÍTULO 6

RUMO À AUTONOMIA: A HIERARQUIA DOS ESTÁGIOS

A contribuição de Kohlberg à psicologia moral

No início deste livro falamos sobre Kohlberg, que defende a ideia de que somente uma minoria de indivíduos adultos atinge um elevado patamar de autonomia. Isso porque, para o psicólogo e professor de Harvard – considerado o autor mais completo da psicologia moral –, a autonomia é uma conquista cara e rara. Ele propôs uma elaborada teoria sobre o tema, apontando as ***motivações*** envolvidas nesse processo (de conquista da autonomia) que é, também, **uma construção moral**[26]. Kohlberg, seguidor de Piaget, aprimorou a tese do psicólogo suíço descrevendo uma hierarquia universal de estágios – ainda mais "esmiuçados" – em direção à autonomia. Cada qual, com suas características específicas. Ao longo dessa construção, poucos conseguem atingir os topos mais elevados.

Então quer dizer que vivenciar a autonomia pode ser algo desconhecido para boa parte das pessoas? Difícil responder a essa questão. Mas no sentido kohlberguiano, eu diria que a autonomia é um "estado de consciência" que exige muito esforço para ser alcançado. Pois de um modo geral, as pessoas estacionaram em estágios rudimentares, ou ainda oscilam entre um estágio e outro, isto é, podem tecer um pensamento sofisticado ao *equacionar* determinada situação e, num momento distinto, apresentar certo primitivismo moral ao avaliar questões de outra ordem. A grande verdade, é que de um jeito ou de outro, todos nós ainda estamos lapidando a nossa autonomia – e precisamos saber lidar com isso de forma realista, elevando nosso grau de consciência sobre nós mesmos.

Na visão de alguns autores, Piaget e Kohlberg deram um enfoque tão significativo ao desenvolvimento moral, que as abordagens psicanalítica e behaviorista poderiam até ser deixadas para segundo plano. Pois tanto para a psicanálise, como para o behaviorismo, a moral parece ser algo que vem de fora (vem da sociedade), e é posteriormente internalizada

---

26 **Moral** representa o conjunto de regras de conduta desejáveis em uma sociedade, assim como, *moralidade*, é a qualidade do que segue os princípios morais. Piaget e Kohlberg, principais referências desse livro, não fazem distinção entre moral e ética.

pelo sujeito. Já o construtivismo de Piaget e o enfoque cognitivo-evolutivo de Kohlberg consideram o indivíduo como **agente** nesse processo. Em outras palavras, isso significa que reconhecem o **protagonismo** do sujeito como aspecto central da sua evolução moral.

Em sua teoria, Kohlberg demonstrou que há motivações veladas por trás de uma conduta, aparentemente moral. E essas motivações não só impulsionam efetivamente o indivíduo, mas também determinam o seu verdadeiro estágio evolutivo. Cabe ressaltar, que os estágios propostos jamais determinam quem é "bom" ou "mau", ou quem está "certo" ou "errado". Trata-se, sobretudo, de uma **escala de maturidade**, na qual alguns estágios são designados como mais, ou menos, elaborados.

Kohlberg também apostou na universalidade de certos valores morais, ou seja, na existência de um conjunto de valores compartilhados por todos os seres humanos, tais como: justiça (igualdade de direitos), lealdade, dignidade, respeito à vida e o não prejuízo aos outros. Isso não quer dizer, obviamente, que fatores culturais não interfiram como moduladores da moralidade, acentuando alguns aspectos e desprezando outros. Todavia, há pesquisadores que renegam totalmente essa universalidade proposta por Kohlberg, afirmando que as normas morais sempre variam de uma cultura para outra, e são constituídas por aspectos emocionais e até mesmo intuitivos. Este talvez seja o ponto mais polêmico da teoria kohlberguiana.

Na visão do filósofo australiano Peter Singer, professor da Universidade de Princeton, nos Estados Unidos, certos aspectos morais são inatos, tais como: o respeito, o senso de justiça e o compromisso com a família, com os filhos e com os pais. São valores que, na sua opinião, são universais, uma vez que estão presentes em todas as sociedades. O filósofo complementa seu raciocínio citando que já foi provado que estes valores existem até mesmo entre macacos, gorilas e chimpanzés.

A seguir, faremos uma releitura dos estágios kohlberguianos, com os quais vamos tecer diálogos com outros autores e estabelecer alguns paralelos com situações cotidianas, no intuito de enriquecer e aproximar o tema. Esses estágios são:

- O Pré-convencional (estágios 1 e 2);
- O Convencional (estágios 3 e 4);
- O Pós-convencional (estágios 5 e 6).

Segundo Angela Biaggio, professora e pesquisadora brasileira, reconhecida mundialmente, o *pré-convencional* é característico da maioria das crianças com menos de 9 anos, de alguns adolescentes, e de muitos criminosos adolescentes e adultos. O nível *convencional* é o da maioria dos adolescentes e de adultos da sociedade norte-americana, embora ela arrisque dizer que isso provavelmente também ocorra em outras sociedades, inclusive no Brasil. Já o nível *pós-convencional* é alcançado por apenas uma minoria de adultos, em torno de 5% e geralmente depois dos 25 anos. Isto é, a maioria dos adultos não passa do nível convencional.

Evitar a punição

O primeiro estágio diz respeito à heteronomia na sua forma mais pura, cujos aspectos centrais são: *medo da punição*, *obediência cega* e *pensamento literal*. Essas são, portanto, as características comportamentais de um indivíduo adulto, cuja maturidade moral não corresponde à idade cronológica, à medida que seus critérios de julgamento ainda são muito infantis.

É nesse estágio que se encontram os exemplos discutidos no início deste livro: os estudantes que aplicaram choques na pesquisa acadêmica de Milgram; o "carrasco" nazista Adolf Eichmann, que inspirou a tese de Hannah Arendt sobre a banalidade do mal; os seguidores de Jim Jones que cometeram suicídio coletivo, entre outros, inclusive o "Porteiro Zé".

Para compreender as nuances de cada estágio, proponho partirmos de uma situação absolutamente simples: *um sujeito encontrou no seu ambiente de trabalho uma carteira com dinheiro, cujos respectivos documentos apontam quem é o seu dono. O que fazer?* Ora, é claro que do ponto de vista moral, a única coisa correta a fazer é devolvê-la ao dono. Contudo, mesmo que o indivíduo assim o faça, são as suas motivações, por trás da ação adotada, que determinam o verdadeiro estágio em que se encontra, rumo à autonomia.

Aqui (no estágio 1), como a orientação é pelo medo da punição, mesmo que a carteira seja devolvida, o indivíduo agirá dessa forma apenas porque teme ser preso ou perder o emprego. E é bem provável que antes de tomar sua decisão, ele observe se há câmeras de segurança no local etc. Sua ação, portanto, não é moral, embora tenha escolhido o correto a se fazer. Diferentemente do sujeito autônomo, que devolveria a carteira por obedecer a própria consciência, pois, caso contrário, ele perderia a sua paz ao imaginar que se apropriou de um dinheiro que poderia alimentar uma família, por exemplo.

Quem devolve a carteira por pensar no outro, certamente utilizou o que chamamos de empatia e isso só é possível à medida que o *egocentrismo inicial*, presente em todos nós, vai cedendo lugar à preocupação com o bem comum. Conclui-se, novamente, que a moralidade heterônoma é extremamente frágil, pois se tivesse a certeza de que não seria pego, o indivíduo provavelmente ficaria com a carteira, sem pensar no outro e nas consequências de sua escolha. E assim ele irá agir em inúmeras outras situações, inclusive mais complexas.

Os indivíduos desse estágio também costumam ter uma conduta moralmente infantilizada em diversas outras situações. Quem nunca viu, por exemplo, alguém que se considera o "dono da rua", simplesmente por ser o morador mais antigo. Ora, ninguém "manda mais" porque chegou primeiro. Afinal, todas as pessoas que dividem um espaço comum, têm direitos e deveres absolutamente idênticos. Não existe uma hierarquia por ordem de chegada, que designa "poderes" distintos para cada morador.

Essa moralidade infantil manifesta-se, inclusive, na relação que estabelecem até mesmo com Deus "Pai". Não é à toa que a expressão "Deus castiga" é demasiadamente popular. Pois muitos devolveriam a carteira, apenas para evitar a punição "paterna" – o que é muito diferente de ter uma preocupação genuína com o bem-estar do outro. E nesse aspecto fica claro o quanto a heteronomia é marcada pelo egocentrismo, à medida que a ação adotada é avaliada apenas em torno das possíveis consequências, somente sobre si mesmo.

Quem se deixa dominar pelo medo da punição, advinda de alguma figura de autoridade (orientação externa) e não da própria consciência (orientação interna), ainda está muito longe de ser uma pessoa autônoma. Até porque, o medo e a obediência cega muitas vezes implicam em abdicar da própria capacidade de pensar e, consequentemente, de fazer escolhas na vida. E nesse sentido, em especial, *heteronomia* e *protagonismo* são absolutamente incompatíveis.

Obter recompensa

Nesse segundo estágio, a ação "moral" ocorre somente mediante a possibilidade de receber uma recompensa imediata pela "boa ação". Note-se que a moralidade do indivíduo estacionado aqui, também é ainda extremamente frágil. Afinal, excluída a possibilidade de se obter um ganho pessoal – a "ação moral" deixaria de acontecer. E isso é muito mais comum do que se imagina. Quem nunca foi buscar um objeto perdido e se viu diante de alguém que ficou esperando receber um "agrado" por devolvê-lo. E se isso não ocorre, esse indivíduo sai resmungando para mostrar sua indignação, questionando-se sobre se vale mesmo a pena ser "honesto", já que as pessoas não sabem ter "gratidão". Também é muito comum, quando se devolve algo encontrado ao seu dono, ouvirmos, além do agradecimento, a seguinte pergunta: "E quanto eu te devo?". Tais comportamentos denunciam que, infelizmente, o raciocínio moral desse estágio 2 ainda está impregnado em nossa cultura.

Receber algum tipo de prêmio pela ação correta é visto, portanto, como algo legítimo por esse indivíduo. Um raciocínio também ainda muito egocêntrico, pois a moral é vista como instrumento de satisfação pessoal. E isso se prolonga na vida adulta, muitas vezes, por conta da qualidade da educação dada pelos pais. No desespero de ver o filho passar de ano, por exemplo, esses pais prometem celulares de última geração, laptops, videogames, passeios, viagens etc., como forma de barganha, em troca de um comportamento que deveriam simplesmente exigir, com autoridade. Ora, se sou recompensado por fazer nada menos do que o meu dever, como posso entender que todos os adultos têm direitos e deveres – e, mais tarde, ao cumprir a minha parte, não receberei uma recompensa material por isso?

É óbvio que os pais devem presentear seus filhos, isso nem está em discussão, mas apenas para demonstrar o seu carinho – e deixando isso muito claro. Dessa forma, a criança compreende que esse tipo de gesto é gratificante, provido de um fim em si mesmo. Um filho deve ser amado e não recompensado. Infelizmente, muitos pais se sentem culpados, por exemplo, pela separação do casal, por estar ausentes demais ao cumprir suas intensas jornadas de trabalho etc. – o que é totalmente compreensível. No entanto, é preciso lembrar que determinar limites e ser exigente é também uma forma de afeto e, sobretudo, transmite segurança ao filho. Esse discernimento evita que a relação se transforme numa caótica barganha diária, na qual misturam-se sentimentos, deveres, mimos, culpas, passeios...

Quando adulto, esse indivíduo que se manteve heterônomo, irá também barganhar em todas as suas relações, inclusive, com Deus. Pois a relação com o "pai do céu" será uma repetição do modelo estabelecido pelos pais aqui da terra. Esse indivíduo, portanto, fará sua "boa ação" somente porque deseja uma recompensa celestial. Algo mais ou menos assim: eu devolvo a carteira e Deus me dá sorte no jogo. Já um indivíduo autônomo, devolveria a carteira mesmo se não estivesse sendo observado (nem por Deus). Pois sua recompensa está na satisfação de ser moralmente correto, de fazer o bem, independentemente de qualquer benefício que possa receber. Simplesmente porque o bem do outro é o seu próprio bem.

Agumas pessoas podem levantar a seguinte questão: até que ponto a motivação de fazer o bem, para ficar em paz com a própria consciência, não teria um componente egoísta? Afinal, a ação despendida leva a um bem-estar pessoal. Para responder, cito Matthieu Ricard, cientista, monge e pesquisador do tema. Ele narra em seu livro *A Revolução do Altruísmo*, a seguinte passagem ocorrida com o presidente Abraham Lincoln:

> Durante uma viagem de coche, Lincoln confia a um dos passageiros sua convicção de que todos os homens que fazem o bem são, no final das contas, motivados pelo egoísmo. Assim que acaba de falar, o veículo passa sobre uma ponte e eles ouvem os fortes grunhidos de uma leitoa, vindos de baixo da ponte onde leitõezinhos tinham caído na água. Lincoln pede para o cocheiro parar, desce e puxa os filhotes para a margem. Tão logo partiram, seu companheiro de viagem

comenta: "Bem, bem, Abraham, onde está o egoísmo neste momento?". E ele responde: "Meu caro, aquilo foi a própria essência do egoísmo. Meu espírito não ficaria em paz se eu deixasse a leitoa naquela situação. Ainda não compreendeu que o que eu fiz foi para ter minha consciência serena?".

Ricard apresenta seu ponto de vista, um tanto distinto do pensamento de Lincoln. Ele acredita que, o simples fato de experimentar um sentimento de mal-estar ou de culpa diante da ideia de negligenciar o bem do outro, já é um sinal de que não houve egoísmo na ação. Pois para o legítimo egoísta, o sofrimento do outro não é perturbardor. Aquele cujo egoísmo é preponderante, geralmente justifica sua indiferença com frases do tipo: "Foi ele que procurou por isso", "Essa gente só tem o que merece", "Os pobres têm que trabalhar mais", entre outras.

Ele complementa seu ponto de vista dizendo que, no limite extremo, alguns chegam a elaborar "sistemas filosóficos" para justificar seu incômodo frente à ideia de se comportar de forma altruísta. E ele cita o caso da filósofa americana Ayn Rand, que ao falar sobre o *objetivismo*, na verdade camufla seu "egoísmo ético" na seguinte frase: "O altruísmo é imoral, pois exige de nós sacrifícios intoleráveis e representa uma coerção inaceitável, imposta ao nosso desejo de ser feliz".

Para apimentar a discussão, vale citar que para o pai da psicanálise, Sigmund Freud, o discurso da filósofa provavelmente receberia o nome de *racionalização*. A *racionalização* é um *mecanismo de defesa*[27] utilizado para justificar, por meio de argumentação sólida e aparentemente estruturada pela razão, desejos e impulsos inaceitáveis socialmente.

Enfim, o estágio 2 é também uma forma de heteronomia, cuja ação correta só faz sentido se for bem recompensada por outrem. Trata-se, portanto, de uma face oposta ao que chamamos de altruísmo, no qual o ato de fazer o bem representa um fim em si mesmo. Por fim, vale completar que altruísmo não é sinônimo de sacrifício, como muitos imaginam. Segundo Ricard: "O altruísmo autêntico não exige que soframos para auxiliar os outros e não perde sua autenticidade se vier acompanhado de um sentimento de profunda satisfação. Muito pelo contrário. Pois a própria noção de 'sacrifício' é muito relativa: o que parece ser um sacrifício para alguns é sentido como uma profunda realização para outros".

---

27 **Mecanismo de defesa**, segundo o Vocabulário da Psicanálise Laplanche e Pontalis, refere-se aos diferentes tipos de operações mentais, nas quais são ativadas defesas específicas, de acordo, sobretudo, com o grau de elaboração do conflito por parte do indivíduo. Os mecanismos de defesa mais comuns são: Negação, Formação Reativa, Regressão, Projeção, Repressão, Deslocamento, Sublimação e Racionalização.

Ter aprovação social

No estágio 3, a motivação do indivíduo é direcionada à aprovação social. Sendo assim, ele se esforça para ser aceito e, pela mesma razão, também evitará qualquer situação que ocasione uma rejeição da opinião pública. Ser aprovado pela comunidade é o foco central, no qual o verniz das boas ações é apenas um pretexto para ser querido pelo grupo. Prevalece aqui, a chamada moralidade do "bom-moço", cujo intuito está muito mais para chamar a atenção sobre si mesmo, do que praticar o bem genuinamente. É, portanto, um estágio ainda heterônomo, pois as ações despendidas são em prol de um reconhecimento externo, em vez de voltadas para uma realização interna.

Em relação aos estágios anteriores, há uma evolução no sentido de compreender melhor algumas regras fundamentais de convivência, tais como: "Faça aos outros aquilo que você gostaria que lhe fizessem". Entretanto, compreender não significa colocar em prática. Tal dissociação ainda ocorre aqui, porque há uma certa dificuldade em colocar-se no lugar do outro, devido ao *egocentrismo inicial*, ainda presente. Outro avanço é o entendimento do conceito de equidade, pois os indivíduos agora não mais defendem a igualdade absoluta como sinônimo de justiça. A possibilidade de que uma pessoa desamparada receba mais, do que outra que vive em abundância, é perfeitamente aceita e compreendida pelos que estão nesse patamar.

Costumo observar que certa dose de vaidade é muito presente nesse estágio, embora também não se descarte um componente de carência. Pois a necessidade de ser "aceito" (muito presente em todos nós), quando em excesso, pode estar intimamente relacionada ao medo da rejeição, provavelmente já experimentado em algum momento da vida. Tal rejeição pode ter partido dos próprios pais, que de alguma forma (intencional ou não), falharam em dar a atenção necessária à criança. Mas, na maioria das vezes, essa carência tem raiz em alguns traumas da vida em sociedade. Sofrer bullying[28],

---

28 **Bullying** é o termo utilizado para descrever atos de violência física ou psicológica, cometidos por um único indivíduo ou por um grupo, numa relação desigual de poder, repetidamente, e de forma intencional. O *bullying* é considerado um problema mundial, e deixa sequelas psicológicas na pessoa atingida, além de causar angústia e sofrimento intensos. Trata-se de uma prática com grande poder de intimidação da vítima, à medida que ela precisa permanecer no mesmo ambiente e enfrentar o problema diariamente. Em 20% dos casos, o praticante de *bullying* também é (ou já foi) vítima dele. Nas escolas, a maioria dos atos de *bullying* ocorre fora da visão dos adultos e grande parte das vítimas não reage ou não fala sobre a agressão sofrida. O nome *bullying* foi proposto pelo pesquisador sueco Dan Olweus, após o Massacre de Columbine, ocorrido nos Estados Unidos no ano de 1999.

ou qualquer tipo de discriminação pode ativar uma série de mecanismos de compensação, fazendo com que a busca pela aceitação social se torne o foco central na vida do sujeito.

Voltemos ao exemplo da carteira encontrada com dinheiro: o indivíduo aqui estacionado, muito provavelmente devolveria a carteira. Mas, somente para aproveitar a oportunidade, por exemplo, de postar uma selfie no Facebook ao lado de quem a recebeu de volta, evidenciando sua "boa ação". (Só não vale generalizar e rotular precipitadamente as pessoas. Afinal, bons exemplos também precisam ser compartilhados para que possam inspirar os demais.)

Segundo Biaggio, uma pesquisa realizada com adolescentes brasileiros (utilizando métodos de avaliação elaborados por Kohlberg), revelou uma prevalência desse estágio 3 nas respostas encontradas, assim como nos grupos de adolescentes mexicanos. Já entre os jovens anglo-saxônicos, prevaleceu o estágio 4. Uma das hipóteses levantadas pelos pesquisadores, é de que nas culturas latinas, o estágio 3 seria mais presente por haver um predomínio da afetividade nas relações humanas (o que é até positivo), embora também haja maior desigualdade social, o que levaria a uma maior "concorrência" por esse "afeto", em forma de atenção. Enquanto os anglo-saxônicos seriam mais voltados para a disciplina e a ordem, vivendo, inclusive, numa estrutura de classes um pouco mais hegemônica.

Manter a ordem

Esse último estágio convencional é a etapa limítrofe com os estágios considerados pós-convencionais, ou seja, autônomos. Quando chega aqui, o indivíduo passa a ter *respeito* pela autoridade, o que é muito diferente de obedecê-la pelo medo. Esse indivíduo também já compreendeu, ou melhor, já internalizou a importância das normas e regras para a manutenção da sociedade. E mais do que isso, ele assume para a si a responsabilidade por manter a ordem social. O que já é indício de uma postura mais *protagonista* em relação aos indivíduos dos estágios anteriores. Sendo assim, é um indivíduo que mediante a decisão de devolver (ou não) a carteira, certamente assim o faria, motivado pela obrigação de cumprir com o seu dever de cidadão. E, sobretudo, por compreender que tal comportamento é fundamental para preservar a ordem em sua comunidade.

Se devolver a carteira para esse indivíduo é um dever moral, isso o coloca numa posição muito mais madura e responsável, se comparado àqueles que o fariam apenas por medo, ou movidos pelo desejo de receber recompensa ou aceitação social, como nos estágios anteriores. Contudo, essa motivação do *cumprimento do dever* ainda pode evoluir para um patamar mais autônomo, orientado por uma consciência que diz: devemos fazer pelos outros, o que gostaríamos que fizessem por nós.

Por fim, observo que quando se estaciona nesse estágio 4, há um risco de assumir uma conduta controladora. Afinal, é legítimo que o cumpridor do dever, também zele pela ordem. Mas é preciso tomar cuidado para que esse comportamento não se torne uma postura de vigilância sobre os demais, às vezes exacerbada. Pois quando o foco está no ambiente externo (nas outras pessoas), deixa-se de lado a única coisa que realmente se pode controlar: a própria vida. Superar a cada dia o desejo de mudar o outro, trazendo sempre o foco para a mudança de si mesmo, talvez seja o principal desafio desse estágio 4, para se alcançar a legítima autonomia.

Criar uma sociedade justa

Esse penúltimo estágio já designa o que Kohlberg considera autonomia. A diferença em relação ao estágio anterior envolve certa sutileza. Pois se antes a motivação era por *manter a ordem social* (o que já é um forte indício de maturidade), agora essa motivação é ainda mais audaciosa: *criar uma sociedade justa*. E é aí que começa, de fato, o *protagonismo* do sujeito autônomo, à medida que ele se reconhece como um **agente de transformação social, e não apenas um coadjuvante para a manutenção do sistema.** Sendo assim, ele agora reconhece que leis, regras e costumes precisam ser constantemente reavaliados. Contudo, essa revisão será por meios legais, de modo a evitar que se faça justiça "com as próprias mãos".

Quanto à carteira com dinheiro, sem a menor dúvida ela seria devolvida (assim como no próximo estágio 6). Mas agora, há uma motivação moralmente genuína: zelar pelo bem comum. O sujeito pensaria mais ou menos assim: se todas as pessoas agirem dessa forma, teremos um mundo melhor, também para todos. Algo como aponta o imperativo categórico de Kant.

Para indivíduos autônomos, até mesmo os costumes da cultura de seu povo podem ser reavaliados, quando transgridem a dignidade dos direitos humanos. Um recente exemplo é a criação de uma lei na Nigéria que proíbe a "circuncisão feminina". Trata-se de uma prática cultural de mutilação genital (uma tradição cujo ritual dura vários dias), que consiste na eliminação do clitóris e dos lábios genitais. O doloroso procedimento é realizado em meninas de 8 a 14 anos, sem nenhuma condição de higiene e também sem nenhuma anestesia, ou seja, a "sangue-frio". Estima-se que no mundo, em torno de 20 milhões de mulheres e meninas já foram submetidas a essa barbárie. E, infelizmente, a prática ainda é comum em 29 países da África e da Ásia, nos quais a cada minuto, quatro meninas são mutiladas.

É óbvio que para quem foi criado em cultura diferente, esse ritual de mutilação, por exemplo, parece cruel e absurdo. Mas a autonomia dos indivíduos desse estágio 5 se manifesta, justamente, nos que são capazes de questionar algo que lhes foi ensinado como "certo", desde que vieram ao mundo. É o caso de H.[29], 30 anos, que fugiu de Serra Leoa (sua terra natal), quando sua mãe, já idosa, lhe disse que ela

---

[29] **H.** conta a sua história, na íntegra, em matéria veiculada pelo jornal Folha de São Paulo, no dia 8 de março de 2015, cujo título é **Dor Secreta**.

seria sua sucessora sendo, portanto, responsável por fazer a mutilação genital nas meninas da próxima geração. Segundo a tradição, é um alto cargo, de respeito e de poder. Mas a consciência dela falou mais alto. E H. preferiu não dar continuidade ao que considerava injusto, desafiando sua mãe que a ameaçou de morte, por recusar-se a aceitar o posto. Hoje, ela vive aqui no Brasil e trabalha como cabeleireira.

Por fim, é importante ressaltar que essa autonomia é fundamental para que se possa não só, rever algumas tradições, mas, sobretudo, construir diretrizes que preservem direitos básicos, galgados na ética. Um outro exemplo próximo e atual, é a luta travada por Maria da Penha, cujo desfecho culminou na criação de uma lei que garante a integridade física de muitas mulheres – um caso que foi considerado pela ONU um dos dez mais significativos para mudar a vida das mulheres no mundo. Para quem não conhece essa história (de autonomia, resiliência e protagonismo) vale a pena contá-la:

> Em maio de 1983, após chegar em casa, Maria da Penha Fernandes, uma farmacêutica bioquímica, com mestrado em parasitologia, põe as crianças para dormir. Seu marido (economista e professor universitário) vai para a sala e liga a TV, enquanto ela toma banho para se deitar. De repente, ela acorda após levar um tiro nas costas e imediatamente pensa: "Acho que meu marido me matou". Em seguida desmaia e somente ao recobrar à consciência percebe que seus vizinhos estão todos à sua volta. Assustados, enquanto esperam a ambulância, comentam que houve uma tentativa de assalto. Neste momento, o marido está

na sala, com o pijama rasgado e uma corda enrolada no pescoço. Mas de alguma forma, ela sempre soube em seu íntimo, que tudo não passava de teatro, por parte do homem que sempre a agrediu, assim como às crianças também. Maria da Penha passou meses no hospital, submetendo-se a várias cirurgias, mas acabou ficando paraplégica. Mais tarde, as investigações vão provar que ela tinha razão em sua suspeita. Só que o terror não acabou naquela noite. Pois ela sofre uma outra tentativa de assassinato, na qual o marido tenta eletrocutá-la durante o banho. Daí em diante, iniciou-se uma longa batalha jurídica contra a impunidade. E realmente longa, porque muitas portas se fecharam, mesmo sob o fato de o marido ter sido apontado como o único suspeito dos crimes. Contudo, em agosto de 1998, sua denúncia chega à Comissão de Direitos Humanos da Organização dos Estados Americanos (OEA). E depois de uma análise minuciosa, a OEA adverte o Brasil, recomendando claramente que o agressor seja responsabilizado, sob pena de o governo brasileiro ser declarado conivente com a violência contra a mulher. Em outubro de 2002, dezenove anos e cinco meses após levar um tiro nas costas, Maria da Penha finalmente consegue pôr na cadeia o agressor que a deixou paraplégica. E vinte e três anos depois, em sua homenagem, a Lei 11.340/2006 que pune a violência doméstica contra mulheres, recebe seu nome.

Maria da Penha é alguém que notoriamente se recusou a fazer "justiça pelas próprias mãos", devido à sua moralidade autônoma, mas, ao mesmo tempo, não aceitou com *resignação* a violência contra si. E, embora tenha encontrado inúmeras dificuldades, ao longo de um processo lento e doloroso, ela foi *resiliente* perante o sofrimento (físico e moral) e os obstáculos que surgiram em seu caminho. E, assim, *protagonizou* uma luta fundamental para a vida de muitas outras mulheres sendo, portanto, uma conquista coletiva e não apenas pessoal. Eis a genuína motivação desse estágio 5: o bem comum.

Obedecer a consciência, alinhada aos princípios éticos universais

O estágio 6 é considerado o ponto mais elevado da autonomia (embora a autonomia absoluta seja uma utopia na vida humana). Aqui, a orientação moral do indivíduo é interna (auto) e isso faz com ele seja capaz de "governar a si mesmo", guiando-se pela própria consciência – ainda que não exista um único espectador para a sua ação, seja para puni-la, recompensá-la ou aplaudí-la. E é justamente nesse aspecto que nasce o verdadeiro sentido de liberdade (e de protagonismo): a liberdade de tomar decisões e fazer escolhas, independentemente de qualquer julgamento ou convenção externos ao indivíduo. Contudo, tal liberdade não pode ser confundida com fazer o que se quer, pois, como já visto, isso seria uma anomia e não uma autonomia. As palavras de Matthieu Ricard expressam com clareza esse entendimento:

"A verdadeira liberdade não consiste em fazer tudo o que nos passa pela cabeça, mas em ser dono de si mesmo. Ser livre, para um marinheiro, não significa soltar o timão, deixar as velas ao sabor dos ventos e o barco à deriva, mas timonear indo rumo ao destino escolhido".

Quando se atinge esse patamar, a consciência está intimamente conectada aos princípios éticos universais: respeito, justiça, bondade, fraternidade, dignidade e valorização da vida. E, por essa razão, **este estágio designa a conquista de uma estrutura autoconsciente, capaz de equacionar dilemas e tomar decisões éticas e acertadas.** Porém, tal conquista não pode ser atingida da noite para o dia, pois ela é fruto do esforço e da persistência, que refletem uma postura protagonista perante a vida.

AUTONOMIA, RESILIÊNCIA E PROTAGONISMO

O indivíduo aqui, resiste a qualquer tipo de imposição, quando considerada uma transgressão ou violação aos direitos humanos. É o caso de Viktor Frankl que, como médico, recusou-se a emitir atestados falsos, que levariam à morte por eutanásia os pacientes que estavam sob seus cuidados (comportamento totalmente oposto aos estudantes que aplicaram os choques por obediência cega). Eis a moralidade dos que permanecem fiéis aos seus princípios éticos, até as últimas consequências. São legítimos representantes desse estágio: Mahatma Gandhi e Martin Luther King (entre outros). Pois esses líderes apresentaram resistência aos padrões impostos de segregação, preconceito e desigualdade de sua época, ao mesmo tempo em que inspiraram valores. E essa conduta também mostra que há muita coragem na moralidade autônoma – em oposição à heteronomia, que teme a punição.

Vale reforçar, que quando falamos em "ficar em paz com a própria consciência" (o que seria para esse indivíduo uma autorecompensa), isso só tem sentido, a partir da certeza de que não houve violação da dignidade de outrem – o que é muito diferente da conduta psicopática na qual o indivíduo também dorme tranquilo, sem crise, mesmo após cometer barbaridades. No segundo caso, isso ocorre porque não há empatia e nem remorso envolvidos. Não resta dúvida de que são formas absolutamente distintas de "sono tranquilo".

Kohlberg centralizou na atitude de *respeito pelas pessoas* o cerne da moralidade autônoma. Para tanto, o psicólogo também afirma que isso só é possível quando se consegue integrar dois aspectos subjacentes: **justiça** e **benevolência**.

Ele explica que em tempos remotos, essa discussão focava apenas as concepções de justiça – e seu principal componente: a igualdade de direitos. Com o avanço do pensamento, a benevolência assumiu um papel de mesma proporção, de modo que ambos (justiça e benevolência) se tornaram dimensões complementares para se resolver problemas morais. Para tanto, tais dimensões precisam estar absolutamente coordenadas.

No intuito de evitar distorções, Kohlberg sinaliza que o termo *benevolência* por ele adotado significa, acima de tudo, ***atitude*** (ou disposição, virtude). Por essa razão, ele também resumiu seu pensamento na expressão: ***atitude de justiça***. E é essa *atitude de justiça* que, em suas palavras, determina o objetivo a ser atingido pelo "agente moral do estágio 6".

Traduzindo o pensamento de Kohlberg e, ao mesmo tempo, buscando inspiração nas reflexões do professor La Taille, parece surgir um caminho no qual, efetivamente, duas dimensões precisam estar presentes e sincronizadas: a dimensão do ***saber fazer*** e a dimensão do ***querer fazer***. O *saber fazer* diz respeito à sabedoria, ao conhecimento, à inteligência (capacidade mental, cognitiva) do indivíduo que, quando bem desenvolvida, permite equacionar dilemas, em toda a sua complexidade, alcançando soluções competentes, acertadas, criativas e, acima de tudo, justas.

Já o ***querer fazer*** remete à **atitude virtuosa** do indivíduo que se dispõe, espontaneamente, deliberadamente, a agir em prol da justiça, deixando sua zona de conforto para realizar uma tarefa que demanda esforço. No fundo, nada mais é do que uma questão de ***protagonismo***: uma atitude consciente, que parte de um indivíduo maduro e responsável por suas ações, disposto a conduzir sua própria vida em uma direção moral. Um exemplo que ilustra esse encontro das dimensões do *saber fazer* e do *querer fazer*, em uma única ação, é a conhecida passagem bíblica protagonizada pelo rei Salomão:

> Duas mulheres brigavam pela guarda de um bebê, cada qual afirmando ser sua mãe legítima. Diante de tal polêmica, Salomão ordenou que o bebê fosse cortado ao meio, para que cada uma recebesse a sua metade. A primeira mulher concordou, mas a segunda contestou de imediato, dizendo que a criança poderia ser entregue à outra. Nesse instante, Salomão reconheceu claramente a verdadeira mãe, por demonstrar seu amor incondicional e, sem hesitar, entregou-lhe a criança.

SABER FAZER + QUERER FAZER

Essa passagem nos permite observar claramente os dois aspectos em questão. Primeiramente, Salomão, por ser o rei, poderia entregar a criança para qualquer uma das duas, de acordo com o critério que lhe fosse mais conveniente. A mais bonita, por exemplo. Por que não? Quem iria contestar vossa majestade? No entanto, Salomão estava realmente interessado em agir corretamente. Eis a dimensão do ***querer fazer***. Só que não basta *querer fazer*. Pois Salomão poderia ter ficado de mãos atadas, impotente diante do caso. Afinal, numa época na qual não havia teste de DNA, como descobrir qual das duas mulheres dizia a verdade? Se sua inteligência fosse limitada, talvez ele não conseguisse resolver o problema e sua atuação pararia por aí, sem nenhum êxito ou, mesmo sem querer, poderia até cometer uma injustiça. Acontece, porém, que ao sugerir que o bebê fosse cortado ao meio, ele adota uma estratégia eficaz para descobrir a verdade. E, nesse instante, é a manifestação do ***saber fazer*** que completa a cena.

A partir desse simples exemplo é possível, então, perceber o quão é importante e necessário que estas duas dimensões caminhem juntas, lado a lado. Pois não basta apenas *querer ser bom e justo*, é preciso *saber ser bom e justo*. Ou vice-versa. E é, portanto, no encontro dessas duas dimensões que se manifesta legítima autonomia. Eis o cerne da ***atitude de justiça***, a qual nos permite reconhecer também que *protagonismo* e *autonomia* constituem uma coisa só, não podendo, sequer, existir separadamente.

Enfim, o grau mais elevado na escala da autonomia, **é o estágio atingido pelos grandes líderes revolucionários que foram, ao mesmo tempo, pacifistas convictos,** demonstrando padrões morais elevadíssimos que serviram de exemplo à humanidade. Uma raríssima combinação. Não obstante, talvez seja por isso que apenas de 3% a 5% das pessoas alcancem este patamar. Em muitas amostragens, Kohlberg chegou a não encontrar nenhum indivíduo representante do estágio 6, o que fez com que chegasse a questionar se seria mesmo válido mantê-lo em sua teoria. **Nas palavras de dele: "Seria um furo na teoria, um furo no instrumento de avaliação, ou teria o último deles morrido com Martin Luther King?".**

Martin Luther King foi um pastor protestante e ativista político, que se tornou um dos mais importantes líderes do movimento dos direitos civis dos negros nos Estados Unidos. Inspirado pelos métodos e ideais de Gandhi, ele organizou boicotes numa campanha de não-violência e de amor ao próximo – o que lhe rendeu em 1964, o merecido Prêmio Nobel da Paz, pelo combate pacífico à desigualdade racial. Em sua luta contra o preconceito, também organizou manifestações pelo direito de voto, o fim da segregação e da discriminação no trabalho, entre outros. No ano de 1963, Luther King liderou a Marcha sobre Washington, onde seu discurso "I Have a Dream", ficou imortalizado. Nesse discurso, ele demonstra a beleza ética e virtuosa do *querer fazer*, aliada à inteligência do *saber fazer*. Sua *resiliência* ao enfrentar os tormentos do racismo, aliada à sua *autonomia* (moral e intelectual), permitiram-no *protagonizar* uma luta política que deixou marcas na história. A seguir, alguns trechos de seu discurso para ilustrar a beleza do último estágio kohlberguiano.

Eu tenho um sonho

Estou feliz em me unir a vocês, naquela que ficará para a História como a maior manifestação pela liberdade de nossa nação.

Cem anos atrás, um grande americano, em cuja sombra simbólica nos encontramos hoje, assinou a proclamação da emancipação dos escravos. Este decreto chegou como um grande farol de esperança para milhões de escravos negros, queimados nas chamas da injustiça. Chegou como o raiar de um lindo dia de alegria, pondo fim à longa noite de cativeiro.

Mas, cem anos se passaram e o negro ainda não está livre.

Cem anos se passaram e a vida do negro ainda é duramente tolhida pelas algemas da segregação e os grilhões da discriminação. Cem anos se passaram e o negro habita uma ilha solitária de pobreza, em meio a um oceano de prosperidade material...

Em certo sentido, viemos à capital de nossa nação para sacar um cheque... pois a América deu ao povo negro um cheque que voltou marcado: "sem fundos".

Mas nós nos recusamos a acreditar que o banco da justiça esteja falido. Por isso voltamos aqui para cobrar esse cheque que nos garantirá as riquezas da liberdade e a segurança da justiça...

Não é hora de se dar ao luxo de esfriar os ânimos ou tomar a droga tranquilizante do conformismo. Agora é hora de arrancar nossa nação da areia movediça da injustiça e levá-la para a rocha sólida da fraternidade.

AUTONOMIA, RESILIÊNCIA E PROTAGONISMO

Mas há algo que preciso dizer a meu povo: no processo de conquistar nosso lugar de direito, não devemos ser culpados de atos errados.

Não tentemos saciar nossa sede de liberdade bebendo no cálice da amargura e do ódio. Temos de conduzir nossa luta no alto plano da dignidade e da disciplina.

Não devemos deixar nosso protesto se degenerar em violência física.

Precisamos nos erguer, mais uma vez, à altura majestosa de combater a força física com a força da alma...

A nova e maravilhosa militância que tomou conta da comunidade negra não deve nos levar a suspeitar de todas as pessoas brancas, pois muitos de nossos irmãos estão aqui hoje, porque acabaram por entender que seu destino está vinculado ao nosso destino e que a liberdade deles está vinculada indissociavelmente à nossa liberdade.

Não podemos caminhar sozinhos. E, enquanto caminhamos, precisamos fazer a promessa de caminhar para frente. Não podemos retroceder.

Sei que alguns de vocês aqui estão vindos de grandes provações. Alguns vieram de áreas onde sua busca pela liberdade os deixou feridos pelas tempestades da perseguição e marcados pelos ventos da brutalidade policial.

Mas não nos deixemos atolar no vale do desespero. Digo a vocês hoje, meus amigos, que apesar das dificuldades de hoje e de amanhã, ainda tenho um sonho.

Eu tenho um sonho de que um dia esta nação se erguerá e corresponderá em realidade ao verdadeiro significado de seu credo: "Todos os homens são iguais".

Eu tenho um sonho de que um dia, nas colinas vermelhas da Geórgia, os filhos de ex-escravos e os filhos de ex-donos de escravos poderão sentar-se juntos à mesa da irmandade.

Tenho um sonho de que meus quatro filhos viverão em uma nação onde não serão julgados pela cor de sua pele, mas pelo teor de seu caráter.

Tenho um sonho hoje! E essa é a fé com a qual retorno ao sul. Com esta fé poderemos talhar da montanha do desespero, uma pedra de esperança. Com esta fé poderemos transformar os acordes dissonantes de nossa nação numa belíssima sinfonia de fraternidade...

E quando isso acontecer, quando deixarmos a liberdade ecoar, quando a deixarmos ressoar em cada vila e vilarejo, poderemos trazer para mais perto o dia que todos os filhos de Deus, negros e brancos, judeus e gentios, protestantes e católicos, poderão se dar as mãos e cantar, nas palavras da velha canção, "Livres, enfim! Livres, enfim! Louvado seja Deus Todo-Poderoso. Estamos livres, enfim!".

CAPÍTULO 7

RESILIÊNCIA NA VIDA PESSOAL E PROFISSIONAL

Estudos pioneiros sobre a resiliência

Os primeiros estudos sobre resiliência foram feitos com crianças que intrigavam os pesquisadores. Eles queriam respostas para perguntas do tipo: *Por que alguns indivíduos não são atingidos, apesar de passarem por experiências terríveis, sendo capazes de apresentar desenvolvimento saudável?* Para responder tal questão, esses pesquisadores adotaram como medida desse "desenvolvimento saudável" os seguintes critérios:

- **Temperamento afetivo:** capacidade de expressar sentimentos, dar e receber afeto, criar e manter vínculos afetivos;
- **Autoestima elevada:** respeito e cuidado consigo mesmo, crença na própria capacidade em vencer obstáculos;
- **Desempenho intelectual:** capacidade de aprendizagem preservada em todas as áreas do conhecimento;
- **Capacidade de autocontrole:** reações moderadas, tolerância à frustração e ausência de impulsividade desenfreada.

Todos esses indicadores de adaptação social e de saúde (mental e emocional), foram encontrados nos indivíduos considerados resilientes pelos pesquisadores. Esse foi o resultado de uma pioneira e significante pesquisa[30], realizada por Werner & Smith, em 1992. Trata-se de um estudo longitudinal, realizado em Kauai (uma ilha do Havaí), que acompanhou 698 crianças, desde o seu nascimento, por um período de quarenta anos. Todas essas crianças cresceram expostas a quatro ou mais fatores considerados de risco, tais como:

- Famílias desestruturadas;
- Pais alcoólatras ou com distúrbios mentais;
- Pobreza extrema;
- Baixa escolaridade dos pais;
- Estresse perinatal;
- Abuso sexual;

---

30 A pesquisa é mencionada por Maria Angela Mattar Yunes e Heloísa Szymanski no livro *Resiliência e Educação*.

- Violência física;
- Perda dos pais;
- Baixo peso no nascimento;
- Deficiências físicas.

Na conclusão desse ambicioso estudo, os pesquisadores referiram-se aos resilientes como indivíduos que se tornaram **"adultos competentes capazes de amar, trabalhar, brincar e ter expectativa"**. E mais, identificaram que o componente-chave dessas pessoas é **"o sentimento de confiança que o indivíduo apresenta de que os obstáculos podem ser superados"**.

O tema resiliência também traz consigo uma questão inquietante: A resiliência é fruto do meio, ou exclusivamente de "algo interno" do indivíduo? Para tal pergunta, não existe resposta única. A tendência da maioria dos pesquisadores é apostar numa certa combinação desses dois fatores. E mais do que isso. O psiquiatra britânico Michael Rutter realizou um marcante estudo comparando amostragens de indivíduos da Ilha de Wight[31] e da cidade de Londres. Na sua conclusão, define resiliência como uma "variação individual em resposta ao risco". Isto é, os mesmos fatores de estresse podem ser experienciados de maneira diferente, por diferentes pessoas. Sendo assim, o psiquiatra também afirma que a resiliência "não pode ser vista como um atributo fixo do indivíduo" e "se as circunstâncias mudam, a resiliência se altera". Para a pesquisadora canadense Sheila Martineau, a "resiliência tem diferentes formas, entre diferentes indivíduos, em diferentes contextos, assim como acontece com o conceito de risco". Com tais argumentos, esses pesquisadores parecem relativizar o conceito, evitando rótulos muito incisivos, ou baseados somente em critérios adotados por meio de pesquisas quantitativas, o que poderia fornecer uma visão rígida e parcial, a um conceito tão abrangente.

Os brutos também amam e os resilientes também sofrem

Assim como a autonomia, a *resiliência* é um tema relativamente atual no mundo corporativo – o qual observo também cercado de controversas interpretações. Teríamos uma nova *Torre de Babel*? Talvez. E, por essa razão, alinhar o entendimento do conceito é sempre muito producente.

---

31 A **Ilha de Wight** localiza-se na costa sul inglesa. É a maior ilha do Canal da Mancha e está separada da Grã-Bretanha pelo estreito de Solent.

Até porque, o termo exige adaptações, visto que partiu da física e da engenharia, para depois migrar para a psicologia e áreas afins do conhecimento, tais como a psiquiatria, a sociologia, a pedagogia e, no momento presente, resiliência é a competência desejada pelas empresas.

A definição dada pela física diz que resiliência "é a propriedade pela qual a energia armazenada em um corpo deformado é devolvida quando cessa a tensão causadora de uma deformação elástica" (Dicionário Novo Aurélio). Dito de forma mais simples, a resiliência refere-se à capacidade de um material absorver a energia de um impacto, sem sofrer deformação plástica ou permanente. Por haver uma aproximação entre o que a física considera como pressão/tensão e as possibilidades ambientais de oferecerem ao indivíduo o risco de estresse, também mediante situações de pressão/tensão, iniciou-se o intercâmbio do termo. O Dicionário Houaiss aponta a definição inicial da física e também a versão posteriormente adotada que envolve, agora, o ser humano e não apenas materiais: 1 – "Propriedade que alguns corpos têm de retomar à forma original, após terem sido submetidos a uma deformação". 2 – "Capacidade de se recobrar ou de se adaptar à má sorte, às mudanças".

O termo resiliência foi adotado pela psicologia por corresponder mais acertadamente a certas características humanas que pesquisadores da área pretendiam melhor compreender. Até então, os precursores do termo eram *invencibilidade* e/ou *invulnerabilidade*, assim referidos na literatura. Acontece, porém, que falando desse jeito, passa-se uma falsa impressão que distorce o conceito. Afinal, existe ser humano "invencível"? Invencíveis talvez sejam apenas os "super-heróis". Mas o *Super-Homem*, por exemplo, é vulnerável à kriptonita – e isso mostra que nem os super-heróis são invulneráveis.

Havia, portanto, uma necessidade de se encontrar um termo mais preciso e, sobretudo, mais "humano". Foi então que *resiliência* pareceu ser um nome mais adequado. Só que o problema não se resolve por aí. Ele está apenas começando. Isso porque, o conceito original da física, refere-se à resiliência de "materiais" – e, por mais que alguns indivíduos também sejam capazes de retomar o seu "estado inicial", diferentemente dos materiais, pessoas sofrem e sentem dor, proporcional à intensidade do impacto. Se voltarmos à discussão inicial, proposta neste livro, podemos dizer que o conceito tem sido compreendido, muitas vezes, de forma literal (pensamento concreto). Só que para aplicá-lo a seres humanos, será necessário usar um pouco mais de abstração.

A "habilidade de superar adversidades" – termo adotado por muitos autores para nomear a resiliência – não significa que o indivíduo passe pelo processo sem que haja desgaste ou sofrimento. E quando falamos em sofrimento, estamos considerando tanto o sofrimento físico, quanto o psicológico. Tristeza, angústia, ansiedade e até mesmo momentos de desespero ou depressão podem ser experimentados por um indivíduo considerado resiliente. Assim como os sintomas físicos: insônia, dores causadas por tensões musculares, inapetência, cansaço, sudorese e as somatizações em geral, causadas pelo impacto sofrido – até o momento no qual o indivíduo retorna à condição anterior ao impacto. Nesse espaço de tempo, que é subjetivo e indefinido, ocorrem uma série de desconfortos que não podem ser negados, e numa intensidade que também não pode ser mensurada. A não ser pelo próprio sujeito.

Em síntese, estamos falando, portanto, da notável capacidade de se refazer do sofrimento, e não da "impossível" capacidade de não sofrer, quando o ambiente nos apresenta as mais terríveis condições. Vamos imaginar uma situação de guerra, na qual o indivíduo passou fome, frio, dor causada por ferimentos intensos ao ser atingido por uma bomba e, além disso, assistiu a morte brutal de milhares de pessoas – alguns, seus parceiros e amigos e outros, àqueles que ele próprio matou. Se ao voltar dessa guerra o indivíduo desenvolver uma depressão crônica e tornar-se dependente de drogas ilícitas, por exemplo, ele não foi resiliente. Mas se ele retornar totalmente indiferente, como se tivesse saído de férias, podemos, no mínimo, estranhar a frieza com que lidou com essa dramática situação – e isso também não significa que ele foi resiliente, pois tal comportamento está mais para a psicopatia, do que para a resiliência em questão.

Sendo assim, um exemplo que vale a pena citar, diz respeito a uma passagem da vida de um eminente inventor e empresário do setor de informática: o ex-hippie, Steve Jobs, fundador da Apple. Em 1985, por uma divergência com o conselho de diretores da empresa, Jobs foi forçado a deixar a chefia da divisão Macintosh da Apple. Isto é, ele foi demitido da própria empresa que havia criado. Sua biografia relata o quanto esse episódio o deixou profundamente deprimido. Segundo amigos próximos, sua tristeza era visivelmente avassaladora. E esse, provavelmente, foi um dos momentos de maior impacto em sua vida profissional, causando-lhe sofrimento tão intenso, que onze anos após o ocorrido, ele ainda mostrava ressentimento em relação a esse episódio.

Mas Jobs foi *resiliente*, apesar de sua dor, não porque passou "imune" a essa situação. Muito pelo contrário. Mas porque foi capaz de refazer-se, sem desanimar. Tempos depois do ocorrido e superando o impacto sofrido, ele fundou uma empresa chamada NeXT: uma companhia de desenvolvimento de plataformas, direcionada aos mercados de educação superior e administração. A NeXT foi tão bem-sucedida, que em 1996 foi comprada pela Apple, e Jobs volta a ser o CEO da companhia. Ao reassumir o controle, ele revoluciona o mercado de computadores pessoais, filmes de animação, música, telefones, tablets e publicações digitais. Uma história realmente incrível, de notável *resiliência*, mas também de *autonomia*, a qual sua mente audaciosa, inventiva e original o fez protagonista de um fenômeno mundial.

Resiliência na vida pessoal e profissional

No dia a dia das organizações, em especial, tenho observado que as pessoas associam o conceito de *resiliência* a uma atitude de *autocontrole*, mediante alguma forma de ataque ou agressão. Ao atender um cliente visivelmente alterado e furioso, por exemplo, se o vendedor também perde a compostura, é muito frequente lhe chamarem a atenção dizendo: "Você precisa ser mais resiliente!" Mas, nesse caso, estamos falando de **resiliência** ou de algo que nos anos 1980 o psicólogo Daniel Goleman definiu como **Inteligência Emocional**?

O indivíduo inteligente emocionalmente é aquele que não sofre o que o teórico chamou de "sequestro emocional". Isto é, um momento no qual a fúria se sobrepõe à razão, podendo levar a uma atitude de descontrole, cujos prejuízos podem ser incalculáveis. De certa forma, as duas abordagens têm muito em comum, sobretudo no que diz respeito à relação entre autocontrole e sucesso profissional – tema já discutido ao abordar a "Teoria do Marshmallow". Entretanto, nem por isso *resiliência* e *inteligência emocional* devem ser compreendidas como sinônimos. Pois o conceito de resiliência pode ser considerado mais abrangente, à medida que se apresenta sob diversas outras faces (além do autocontrole) – e diz respeito, muitas vezes, a toda uma história de superação na vida do sujeito.

Como já visto, a definição de resiliência surgiu da engenharia, referindo-se a um material capaz de absorver impacto, sem alterar sua estrutura. Se cair um peso de chumbo sobre um travesseiro da NASA, por exemplo, ele vai amassar, mas depois retorna à sua forma original. Se o mesmo peso cair sobre um prato de cerâmica, certamente ele irá se romper em pedaços. Até aqui, estamos falando de materiais, de objetos, de coisas... *Mas quando o conceito é transposto para seres humanos, o que podemos considerar quando falamos em "não alterar sua estrutura"?*

Em termos de desenvolvimento, podemos destacar basicamente dois aspectos que não se "deformam" ou não se "quebram" quando alguém é resiliente. Isto é, apesar de ter nascido e crescido sob circunstâncias consideradas radicalmente estressantes, esses indivíduos se mantêm íntegros, *a priori*, do ponto de vista de duas estruturas básicas: a *sanidade mental* e a *conduta moral*. Traduzindo numa linguagem demasiadamente popular, seria como – mais ou menos – dizer que não ficaram "loucos", nem se tornaram "maus", apesar do sofrimento avassalador pelo qual passaram. Muito pelo contrário, os considerados resilientes instigam os pesquisadores justamente porque são equilibrados, justos, afetivos, adaptados socialmente e competentes profissionalmente.

Quando nos referimos à resiliência humana, portanto, estamos falando de um conceito absolutamente abstrato – até porque, de forma literal, qualquer um poderia romper um ligamento ou quebrar uma perna, por exemplo. Mas o ser humano pode ter outros tipos de "fraturas" e de "rompimentos", mediante forte impacto, e que levam a uma alteração da personalidade. O primeiro deles, seria o que na psicopatologia chamamos de "rompimento com a realidade" ou "surto psicótico". E situações de estresse intenso, segundo o DSM-IV, podem desencadear uma perturbação psicótica. Isto é, o indivíduo sofre um choque emocional, um trauma intenso, que ele não suporta, de modo a comprometer sua integridade psíquica. Por alguma razão, os mecanismos de defesa e de adaptação desse indivíduo "falharam". Visto isso, **podemos considerar que manter preservada a lucidez, a sanidade psíquica, sob circunstâncias adversas é, portanto, uma forma de resiliência.**

A título de ilustração, para dar ao leitor a dimensão de até onde a mente em "surto" pode chegar, vale citar o interessante "Caso Schreber" – um clássico da literatura psicanalítica, analisado por Sigmund Freud. Em estágios avançados de sua psicose, esse paciente relatava acreditar que estava morto e em decomposição. Gradativamente, suas ideias também assumiam um caráter místico e religioso, pois achava-se em comunicação direta com Deus: ouvia músicas sagradas (alucinações auditivas), via "aparições miraculosas" (alucinações visuais) e, ao mesmo tempo, sentia-se um "joguete de demônios" que tentavam roubar sua alma. Ele também acreditava que, por estar em decomposição, viveu por longo tempo sem o estômago, sem intestinos, sem pulmões e que, às vezes, costumava engolir parte da própria laringe, junto com a comida (alucinação cinestésica). Contudo, "milagres divinos" sempre o restauravam, fazendo-o imortal, para que desse origem a uma nova raça de homens, através de um processo orientado diretamente por Deus (delírio de grandeza). Trata-se de um caso extremo, sem dúvida, mas que nos mostra a complexidade da mente humana, no auge da insanidade mental, na qual rompe-se, totalmente, o contato com a realidade. E essa fantasia de "restauração", obviamente, nada tem a ver com o conceito de resiliência, que propõe a capacidade de "retornar ao estado inicial", após o impacto sofrido.

Outra forma de resiliência diz respeito à integridade moral do indivíduo, quando preservada, apesar de um ambiente fortemente comprometido. Isso porque, situações extremas de humilhação, de privação material e/ou afetiva, de violência física e/ou sexual, também podem levar a um *rompimento* não só da psiquê, mas também do caráter. O indivíduo pode se tornar frio, incapaz de estabelecer vínculos afetivos e de sentir empatia, assumindo comportamentos perversos, delinquentes ou até mesmo de sociopatia. Por outro lado, há quem passou por todos esses fatores de estresse e, por alguma razão, o impacto desse sofrimento e dessas experiências dolorosas não foi capaz de destruir sua integridade moral. São, portanto, pessoas resilientes que se tornam adultos honestos, afetivos e propensos a fazer o bem.

Tolerância à frustração

Para alguns estudiosos do tema, a capacidade de **tolerância à frustração** é considerada fundamental para a resiliência. Eles identificam que indivíduos resilientes são capazes de lidar com frustrações sucessivas, sem sucumbir e sem deixar de lutar. E esse tema aponta um caminho para algumas reflexões sobre o ambiente familiar e corporativo.

No contexto familiar, alguns pais – na ânsia de demonstrar seu amor e, ao mesmo tempo, "minimizar suas culpas" pelo tempo que estão ausentes ou por estarem separados, por exemplo – costumam atender demasiadamente os desejos de seus filhos, negando-lhes a possibilidade de aprender, o quanto antes, a lidar com as inevitáveis frustrações que a vida proporciona.

A ***tolerância à frustação*** é algo que pode ter um limiar cada vez mais extenso e flexível, sendo desenvolvida, sobretudo, na infância, à medida que os pais ofereçam alguns obstáculos à realização de *todas* as vontades dos filhos. Às vezes, são até coisas muito simples, mas que fazem a diferença quando se chega na vida adulta. Por exemplo: saber dizer não em alguns momentos, evitar que no carro só se escute o que a criança quer ouvir, deixar que o filho escolha um único presente de Natal (dos pais, não da família inteira), entre outros, são formas de desenvolver um limiar mais extenso de *tolerância*, assim como a capacidade de tomar decisões, sabendo lidar com a *frustração* de que toda escolha, também implica numa renúncia.

No que diz respeito ao ambiente corporativo, é importante também que se faça algumas observações. Sabe-se que qualquer um de nós, em algum momento, pode ter uma certa exaltação de humor, um desgaste físico, um transtorno digestivo de fundo emocional etc. Desde de que não ultrapasse certos limites, são coisas absolutamente humanas, que acometem pessoas que têm sentimentos e preocupações, sobretudo quando se entregam de "corpo e alma" aos desafios profissionais. E isso não denuncia uma falta de resiliência, por parte do indivíduo (no máximo, uma falta de inteligência emocional). Pois a *resiliência no trabalho* diz respeito, sobretudo, aos mecanismos de superação adotados pelo sujeito, nos momentos de crise.

É notório que alguns indivíduos, nos momentos de

turbulência, perdem totalmente o discernimento e a clareza de raciocínio, agindo de forma imatura – afinal, foram crianças mimadas, cujos pais pouparam de todo o tipo de frustração e dificuldade. Há também, aqueles que assumem uma postura patológica de total negação da realidade, além dos indivíduos que, de forma psicótica, passam a ter delírios de perseguição ("todos estão contra mim") e/ou de grandeza ("ninguém reconhece a minha genialidade"). Enquanto outros, por sua vez, adotam o "salve-se quem puder", rompendo vínculos de cooperação e, se preciso for, jogando os outros na "fogueira", sem nenhum escrúpulo. Quando tudo está calmo, é até fácil manter as aparências. Mas a resiliência é demonstrada nos momentos de dificuldade, nos quais se desvelam a verdadeira ***integridade moral*** e a ***sanidade psíquica*** dos indivíduos, de acordo com seu limiar de ***tolerância à frustração***.

Uma vez preservadas as estruturas básicas da personalidade, outras qualidades também podem ser observadas nos indivíduos considerados resilientes. São qualidades (ou competências) que, quando valorizadas e estimuladas no universo do trabalho, garantem respostas efetivas nos momentos de crise e em situações de forte impacto. Sendo assim, podemos apontar os principais "ingredientes" da resiliência:

- **Autocontrole:** capacidade de regular as emoções em situações muito difíceis e delicadas. Manter a serenidade quando submetido a pressões. O oposto seria a destemperança, que leva à impulsividade e à irracionalidade (nesse aspecto, os conceitos de resiliência e inteligência emocional se aproximam bastante).

- **Autoconfiança:** diz respeito ao senso de valor atribuído a si mesmo e a crença na capacidade pessoal. Em geral, é um comportamento oposto ao de autovitimização.
- **Eficiência:** capacidade de resolver problemas, de se organizar e de executar ações em prol de resultados positivos.
- **Competência social:** capacidade de angariar e articular apoio de outros indivíduos, em situações adversas, estabelecendo alianças e estimulando a ajuda mútua.
- **Iniciativa e tomada de decisão:** é a propensão a agir frente às situações adversas e cenários de risco e de incerteza, enquanto alguns indivíduos heterônomos ficam paralisados esperando ordens.
- **Determinação:** é o modo positivo de encarar as dificuldades, sem perder o foco. É a capacidade de manter-se firme no objetivo, não se deixando dominar por sentimentos derrotistas.
- **Flexibilidade:** capacidade de analisar o cenário e, se preciso for, mudar de estratégia. O oposto disso seria insistir de forma teimosa em táticas que não estão sendo efetivas. Os flexíveis persistem, mas tentando novas formas de ação, com pragmatismo e criatividade.
- **Inteligência de resultados:** capacidade de diagnosticar problemas, criar soluções e, sobretudo, colocá-las em prática.

Famílias resilientes, empresas resilientes

Historicamente, o objeto de estudo da psicologia tem sido a investigação das psicopatologias e das "fraquezas" dos indivíduos – o que representa, de fato, uma contribuição relevante. Entretanto, no final dos anos 1990, Martin Seligman iniciou um movimento chamado Psicologia Positiva, propondo uma mudança de paradigma: **pesquisar os aspectos saudáveis dos seres humanos**. Sua preocupação era mostrar o quanto a psicologia não produzia conhecimento suficiente sobre o que chamou de "aspectos virtuosos" e "forças pessoais" que as pessoas possuem. Pouco a pouco, o movimento foi ganhando força, de modo que a psicologia positiva tem contribuído para se compreender o "funcionamento saudável", não só de pessoas, mas também de grupos e instituições – no intuito de **fortalecer as competências, em vez de corrigir deficiências** (o que corrobora com o tópico "investir nos potenciais, não nas fraquezas"). Seguindo nessa direção, o estudo da resiliência em famílias avançou concomitantemente, no sentido de identificar os aspectos sadios dos grupos familiares considerados bem-sucedidos. Até então, diante de algum sintoma ou problema apresentado por uma criança ou adolescente, logo se dirigia o olhar para os possíveis "desajustes" de sua família.

De um modo geral, as pesquisas sobre a resiliência em família têm conotação muito similar ao que a literatura expõe sobre o indivíduo. O que não é de se causar estranheza, pois são concepções acerca do mesmo fenômeno. A diferença é que deixa-se de lado o estudo somente do indivíduo, para então observar as "fortalezas" da família, na qualidade de um grupo sistêmico. Um dos primeiros estudos publicados sobre a "tipologia de famílias resilientes" surgiu do interesse de autores[32] em investigar as características e propriedades que se destacavam em famílias consideradas eficazes em superar situações de crise, tragédias, ou simplesmente transições no ciclo de vida: nascimento do primeiro filho, conflitos da adolescência, saída do filho de casa, entre outros.

O interessante para o mundo corporativo é que, se pararmos para observar, essa linha de pesquisa aponta caminhos também para o ambiente de trabalho, diante da similaridade dos contextos e da aplicabilidade dos conteúdos elencados. Pois famílias resilientes, de um modo geral, são consideradas pelos pesquisadores aquelas que conseguem:

- Adaptar-se às mudanças
- Superar o estresse
- Lidar de modo eficiente com as crises
- Sair fortalecidas após momentos de dificuldade
- Seguir uma trajetória de prosperidade

Ora, não é exatamente o que as empresas também buscam? Sendo assim, vale ressaltar a colaboração de Froma Walsh[33] e seus achados sobre o que chamou de processos-chave da resiliência em família, os quais fundamentam sua abordagem denominada "funcionamento familiar efetivo". A autora organizou seus conhecimentos na área (anos de docência, atendimento clínico, orientação de famílias e

---

32 H. I. McCubbin e M. A. McCubbin são os autores da pesquisa citada em: *Typologies of Resilient Families: Emerging Roles of Social Class and Ethnicity*.

33 **Froma Walsh** é psicóloga clínica e autora de *Fortalecendo a Resiliência Familiar*.

supervisão de casos) e propôs um panorama conceitual que abrange três dimensões das famílias consideradas resilientes: 1 – sistemas de crença, 2 – padrões de organização e 3 – processos de comunicação. Nesse panorama, que será apresentado nas tabelas a seguir, não há necessidade sequer de fazer adaptações para o mundo corporativo. Pois a convergência dos temas e a aplicabilidade dos conceitos é praticamente direta, ainda que tenha partido de um estudo focado em famílias – e não sobre corporações.

Tabela[34] Resumo dos Processos-chave da resiliência em famílias

SISTEMAS DE CRENÇAS	ATRIBUIR SENTIDO À ADVERSIDADE	• Contextualização e relativação da adversidade e do estresse • Senso de • Visão da crise como: desafio significativo, compreensível e administrável
	OLHAR POSITIVO	• Esperança e otiAmismo: confiança na superação das adversidades • Coragem e engajamento: foco nos potenciais • Iniciativa (ação) e perseverança (espírito de "poder fazer") • Senso de realidade: confrontar o que é possível, aceitar o que não pode ser mudado
	TRANSCENDÊNCIA E ESPIRITUALIDADE	• Amplos valores, proposta e objetivos de vida • Espiritualidade: fé, comunhão e rituais curativos • Inspiração: visualização de sonhos, de novas possibilidades • Expressão criativa e ação social • Transformação e aprendizados constantes: crescer com as adversidades

---

34 **Tabela** extraída do livro *Resiliência e Psicologia Positiva: Interfaces do Risco à Proteção*.

PADRÕES DE ORGANIZAÇÃO	FLEXIBILIDADE	• Abertura para mudanças: reformular, reorganizar e adaptar-se frente aos novos desafios • Estabilidade: sentido de continuidade e acompanhamento de rotinas • Forte liderança: prover, cuidar, proteger e guiar • Relação do casal: igualdade na parceria
	COESÃO	• Apoio mútuo, colaboração e compromisso • Respeito às diferenças, necessidades e limites individuais • Busca de reconciliação e reunião em casos de relacionamentos conflituosos
	RECURSOS SOCIAIS E ECONÔMICOS	• Mobilização da família extensa e da rede de apoio social • Busca de modelos e mentores • Construção de segurança financeira: equilíbrio entre trabalho e exigências

PROCESSOS DE COMUNICAÇÃO	CLAREZA	• Mensagens claras e consistentes (palavras e ações coerentes) • Esclarecimentos de informações ambíguas • Busca-se a verdade, fala-se a verdade
	EXPRESSÕES EMOCIONAIS "ABERTAS"	• Sentimentos variados são compartilhados: felicidade e dor, esperança e medo... • Empatia nas relações • Tolerância nas diferenças • Responsabilidade pelos próprios sentimentos e comportamentos, sem buscar "os culpados" • Interações prazerosas e bem-humoradas
	COLABORAÇÃO NA SOLUÇÃO DE PROBLEMAS	• "Explosão de ideias" com criatividade • Tomada de decisões compartilhadas: negociação, reciprocidade e justiça • Foco nos objetivos: dar passos concretos e aprender com os erros • Postura proativa: prevenção de problemas, resolução de crises, preparação para futuros desafios

Resiliência x Síndrome de Burnout

Quando falamos em resiliência referimo-nos, principalmente, à capacidade de enfrentamento dos obstáculos, sem se deixar abater ou se corromper. O indivíduo resiliente absorve o impacto do ambiente e desenvolve estratégias de adaptação e de superação. Mas e quando isso não acontece? E quando o sentimento de impotência toma conta das pessoas, quem fracassou? O indivíduo sozinho ou ambiente como um todo? Uma pergunta um tanto difícil de ser respondida. Proponho refletirmos sobre ela, pois cada vez mais fala-se numa síndrome que nos obriga a questionar a saúde das pessoas e, sobretudo, das instituições. É a Síndrome de Burnout.

Burnout foi o nome escolhido, porque significa "perder o fogo", "perder a energia". Trata-se, portanto, de uma síndrome que representa "a chama que se apagou" (ou que foi apagada). Pois o profissional acometido por essa síndrome perde totalmente o sentido de sua relação com o trabalho. Tudo deixa de ter importância e qualquer esforço parece inútil. Em geral, quando é exigente ao extremo, principalmente consigo mesmo, mas encontra condições adversas no ambiente de trabalho – e que não permitem a realização do que considera fundamental –, em determinado momento, esse indivíduo desiste! Acometido por um desgaste extremo, acompanhado de uma sensação de "não aguento mais", ele entra em Burnout. Segundo os estudiosos Wanderley Codo e Iône Vasques-Menezes, a Síndrome de Burnout pode manifestar-se sob três aspectos independentes, mas que podem ocorrer associadamente:

1. **Exaustão emocional** – situação em que o trabalhador sente que não pode dar mais de si mesmo, em termos de afeto. Sua energia está esgotada, assim como seus recursos emocionais. É justamente o desgaste do vínculo afetivo que leva à exaustão emocional. Respectivamente, esgotam-se também as energias física e mental. O indivíduo sente-se totalmente exaurido de suas forças vitais.
2. **Despersonalização** – o indivíduo desenvolve sentimentos e atitudes negativas em relação ao trabalho. Endurecimento afetivo, "coisificação" das pessoas, como se fossem objetos. É um estado psíquico em que prevalece a frieza emocional e a crítica exacerbada de tudo e de todos. A despersonalização ocorre quando o vínculo afetivo é substituído por um vínculo racional.
3. **Ausência total de envolvimento com o trabalho** – surge a indiferença e o descompromisso, afetando a organização como um todo. O indivíduo não encontra mais sentido no seu trabalho e, por essa razão, não consegue mais atingir os objetivos aos quais se propõe. Predomina um sentimento de impotência, de incapacidade pessoal. A pessoa passa a avaliar negativamente a si mesma, e tudo que está à sua volta, o que interfere totalmente também na sua autoestima.

O primeiro a usar o termo Burnout foi o psicólogo norte-americano Herbert Freudenberger, na década de 1970, ao notar que o homem que deitou em seu divã não se mostrava atormentado por mistérios sexuais como as pacientes de Freud. Ele apenas demonstrava uma energia que se esgotou. E, ao perder a possibilidade de ação, sucumbia, vítima de sua impotência. O psicólogo definiu, a partir de sua perspectiva clínica, que Burnout representa um estado de esgotamento, resultante de trabalhar exaustivamente, deixando de lado até mesmo as próprias necessidades.

Estudos mostram que mais de 10% dos executivos norte-americanos sofrem da síndrome, e na Europa o número é o mesmo. **Aqui no Brasil, o índice é superior a 30%**, de acordo com pesquisa realizada pela ISMA Brasil (International Stress Management Association no Brasil). Comparando o desempenho dos que sofrem de Burnout, com os demais trabalhadores, verifica-se uma diferença significativa em sua produtividade, sendo que 89% estão presentes no trabalho, mas não conseguem praticá-lo, pois se sentem exaustos (86%), irritados (82%) e com depressão (47%).

Diferentemente do estresse pós-traumático, que pode ser passageiro por estar relacionado a um acontecimento específico (ser vítima de assalto, sofrer um acidente etc.), a Síndrome de Burnout tende a ser progressiva, levando a uma aflição contínua e que vai se agravando, cada vez mais, à medida que o profissional não consegue desvincular-se do trabalho. Segundo Mário Eduardo Pereira, professor do Departamento de Psicologia Médica e Psiquiatria da Unicamp, onde dirige o Laboratório de Psicopatologia: Sujeito e Singularidade, os sintomas também se expressam da seguinte forma:

- Deterioração do ambiente corporativo;
- Dores nas costas, no pescoço e na coluna;
- Insônia e fadiga crônica;

- Transtornos digestivos (úlcera, gastrite);
- Alergias;
- Hipertensão arterial;
- Exaustão física e emocional;
- Agressividade, irritação e baixa tolerância;
- Sensação de pane;
- Comportamento paranoico (sensação de perseguição);
- Lapsos de memória;
- Sentimentos profundos de frustração e de impotência;
- Súbito abandono do trabalho;
- Faltas consecutivas no trabalho e baixo rendimento;
- Aumento do consumo de álcool e remédios.

O ponto mais preocupante neste cenário – e que significa um grande prejuízo, não só ao indivíduo, mas sobretudo às organizações – é que pesquisas têm demonstrado que a síndrome acomete, predominantemente, os colaboradores altamente motivados, que reagem ao estresse laboral trabalhando mais e mais... até que entram em colapso. A **maior incidência está, justamente, entre os *workaholics*, ou seja, nos indivíduos altamente centrados no trabalho, que fazem deste o seu único objetivo de vida, deixando de investir em outras esferas mais pessoais.** São indivíduos que *aparentemente* demonstram "personalidade forte", e serem possuidores de uma capacidade diferenciada de lidar com o estresse. Mas acabam sucumbindo à Burnout.

AUTONOMIA, RESILIÊNCIA E PROTAGONISMO

Retomando a questão inicial: afinal, quem fracassou, o indivíduo sozinho ou o ambiente como um todo? O que houve com a *resiliência* desses indivíduos? Para estudiosos do tema, Burnout pode ser considerada uma síndrome do trabalho, que se origina da discrepância na percepção entre esforço e resultado. Tal percepção, é influenciada por fatores individuais, organizacionais e sociais. Outros autores associam Burnout à discrepância entre o que o trabalhador dá de si mesmo (o quanto investe no trabalho) e aquilo que ele recebe de volta: reconhecimento de seus superiores, dos colegas, bons resultados etc.

Em meio a esse cenário, o caminho mais sensato para se evitar a síndrome, parece ser aquele que converge esforços no intuito de **melhorar a qualidade da relação colaborador/empresa.** Todos os envolvidos devem se questionar até que ponto é lucrativo, para ambas as partes, uma dedicação sem limites. E sobre qual a melhor forma de se obter a máxima performance dos profissionais realmente comprometidos, sem exaurí-los. Por fim, acredito que organizações que procuram *equacionar* suas necessidades e as de seus colaboradores, com equilíbrio e bom senso, encontram uma solução acertada para a saúde (mental e emocional), que fortalece a resiliência e a prosperidade dos indivíduos e do negócio.

Resiliência ou resignação?

Como dito, resiliência é uma palavra que já faz parte do vocabulário das pessoas, na maioria das empresas – talvez até mais do que no ambiente educacional. E isso representa uma conquista para o universo corporativo. No entanto, por esse mesmo motivo, é também fundamental que as lideranças fortaleçam o entendimento do conceito, de modo a evitar interpretações de sentido ambíguo. E esse alerta é necessário porque, em alguns casos, parece confuso se o que se espera das pessoas é realmente uma atitude de resiliência – ou de resignação?

Para iniciar essa reflexão, vamos definir a palavra *resignação*. Segundo o Dicionário Houaiss, o termo significa: submeter-se sem revolta, conformar-se. Em geral, ele é empregado no sentido de *aceitação* de uma situação, ou de um destino. A palavra resignação também tem outros sinônimos, além de aceitação: abdicação, desistência e renúncia. Resignação também quer dizer: vivenciar uma situação, sem a intenção de mudá-la.

Em determinadas circunstâncias, a *resignação* é aconselhável e tem até uma conotação positiva. Mas somente nas raras situações nas quais, de fato, haja uma real impotência diante dos fatos. A perda de uma pessoa querida seria uma delas, por exemplo. Pois cabe ao indivíduo apenas conformar-se e, se possível, encontrar um sentido para a finitude humana, que lhe dê acalento. As religiões, em sua maioria, trazem uma mensagem de consolo e de continuidade do espírito, cada qual com a sua versão sobre "para onde vamos, nessa nova etapa". Talvez por essa razão, a palavra *resignação* seja muito empregada no contexto religioso. E, nesse caso, a aceitação é realmente o único caminho, perante a irreversibilidade da morte.

Além da morte, também não podemos mudar o passado. Nesse contexto, a aceitação (ou resignação) também tem um viés positivo. Pois, o que aconteceu, jamais pode ser modificado. Podemos somente mudar o amanhã, começando hoje a única transformação possível: a de nós mesmos. Se o indivíduo teve uma infância difícil, cheia de privações, ou passou por situações de violência e/ou abuso, isso não pode mudar. É preciso resignar-se ao fato de que por alguma razão, essa é a sua história de vida. Mas, mesmo nesse contexto, é possível tirar o melhor proveito dessa experiência, redesenhando tanto o presente, como o futuro. Algo como expressou o sábio filósofo Jean-Paul Sartre: "Agora, não importa o que fizeram de mim, mas o que eu vou fazer, com o que fizeram de mim". Também a aceitação, no sentido de "aceitar a si mesmo", tem valor muito positivo, sobretudo quando diz respeito a: aceitar a própria aparência, aceitar a própria sexualidade e aceitar os próprios limites.

Salvo esses exemplos, a resignação tem faces um tanto negativas. Pois representa um tipo de acomodação nociva não só ao indivíduo, mas ao ambiente que o cerca. E esse é o grande perigo quando *resiliência* e *resignação* são confundidas. Pois quem aceita tudo, passivamente, é porque simplesmente cruzou os braços. É porque abdicou de seu protagonismo e resolveu "deixar o barco correr". **O resignado é, portanto, alguém que desistiu de lutar. Enquanto o resiliente é aquele que, apesar das dificuldades, resiste firme em seu propósito, desenvolvendo mecanismos internos que possibilitem criar forças para reverter os problemas. Reverter é transformar – e transformar é o oposto de aceitar.**

Em muitos workshops que ministrei, ouvi expressões que me chamaram a atenção, pelo lado negativo. Certa vez, uma colaboradora definiu resiliência como "a arte de engolir sapos". Isso acontece, justamente, quando o conceito é entendido de forma distorcida. Ou quando um chefe autoritário espera das pessoas uma obediência cega, uma atitude de *resignação* perante certos abusos, embora ele chame isso de "resiliência". Só que quando isso se torna uma rotina no ambiente de trabalho, as pessoas passam a pensar que essa tal "resiliência" é uma grande "roubada" para elas. As pessoas passam a pensar que ao serem "resilientes", apenas o outro leva vantagem – o que não é verdade. E, portanto, as pessoas passam a rejeitar essa competência tão fundamental

AUTONOMIA, RESILIÊNCIA E PROTAGONISMO

para si mesmas, e também para a organização. No final das contas, ambas as partes (líderes e colaboradores) saem prejudicados.

Por sua vez, há quem corrobore para que a relação líder/liderado se estabeleça em um formato mais próximo ao da resignação. Por exemplo, os indivíduos que se alimentam da autovitimização. E assumem o papel de "coitadinhos" para serem o centro das atenções. No fundo, é uma forma de neurose[35] e, por conseguinte, algo muito improdutivo para o ambiente de trabalho. Afinal, relações de caráter neurótico tendem a aprisionar-se num círculo vicioso, que retroalimenta o conflito subjacente. Explicando de forma mais simples: quem se comporta como vítima, vai até contribuir (ainda que de forma inconsciente) para que surjam situações negativas, sem as quais não teria do que se lamentar. E isso lhe tira o foco do objetivo mais importante: resolver problemas e atingir resultados em prol do bem comum. Mais uma vez, todos saem perdendo.

Contudo, contrariando algumas abordagens mais rígidas e ortodoxas que apostam na teoria dos opostos complementares (vítima/algoz), acredito que no mundo do trabalho existam exceções. Pois o indivíduo pode realmente ter medo de se manifestar e sofrer uma retaliação, porque percebe que não há abertura para isso. E, se tal situação se acomoda a perder de vista, com o passar do tempo pode evoluir para a chamada *Síndrome de Burnout*, caracterizada,

---

[35] **Neurose**, em termos psicanalíticos, é um transtorno cujos sintomas são a expressão simbólica de um conflito psíquico (inconsciente) entre os desejos do indivíduo e as normas da sociedade. Em geral, esse conflito acarreta culpa no sujeito, manifestando-se sob a forma de ansiedade, depressão, doenças psicossomáticas, comportamentos obsessivos/compulsivos, comportamentos manipuladores, entre outros.

como já dito, pela apatia e pelo desinteresse em relação ao tabalho. Uma forma patológica de resignação na qual, novamente, todos saem perdendo. Principalmente quando se trata de um profissional comprometido – um *workaholic* –, que deixa de apresentar resultados.

O papel do líder

Um líder sensato deve, portanto, valorizar a verdadeira resiliência – cujo sentido, em sua essência, é oposto à resignação. No contexto corporativo, a resiliência é a competência para reversão dos momentos de crise. E todas as empresas enfrentam dificuldades – isso é fato. Porém, essas dificuldades jamais podem levar ao desânimo, muito menos ao desespero. Nesse contexto, resiliência diz respeito às estratégias de enfrentamento (da crise) que serão adotadas. E, acima de tudo, a forma pela qual ela será encarada: uma tragédia, uma situação na qual não há nada que se possa fazer... ou uma oportunidade de crescimento, de renovação e de superação? Eis a competência que as empresas devem, efetivamente, esperar de seus colaboradores. A competência dos que não perdem a força, a lucidez e o discernimento, nem se corrompem moralmente frente às adversidades, sabendo equacionar conflitos e tomar decisões em prol de soluções éticas e acertadas. **É sempre bom lembrar que onde há resignação, não há protagonismo.**

Por fim, resignados são aqueles que diante dos obstáculos se deixam abater e, com o tempo, perdem o vigor e o brilho nos olhos, contaminando os que estão à sua volta. Enquanto os resilientes são aqueles que enfrentam as adversidades com coragem e determinação, transmitindo a esperança serena de que podemos confiar no amanhã. E, ao assumirem essa postura, definitivamente, empresa e colaboradores realmente sairão ganhando!

RESILIÊNCIA
É a competência para **superar adversidades** e **reverter situações de crise**, mantendo preservadas a **CLAREZA MENTAL e a INTEGRIDADE MORAL**

Reinventando o circo para superar a crise

Um ótimo exemplo de superação, que consagrou-se justamente em um momento de crise, é a história de um grupo de artistas de rua que, em 1984, criou uma das principais empresas exportadoras do Canadá: o Cirque du Soleil. Em menos de vinte anos, esse circo alcançou um nível de receita que seu "concorrente" principal só atingiu em mais de cem anos de atividade. Mais de 40 milhões de pessoas, em 90 cidades do mundo, já assistiram esse espetáculo. Guy Laliberté, que foi equilibrista em pernas de pau, engolidor de fogo e acordeonista, além de ser um dos fundadores, é também CEO e diretor executivo desse fenômeno mundial.

Ele também participa da criação artística de alguns espetáculos e pratica a filantropia. Em 2006, foi eleito pela Ernst & Young o empreendedor do ano.

O Cirque du Soleil tem hoje uma plateia um tanto diferente do que era o público-alvo dos antigos circos. Houve uma mudança na classe social dos espectadores, que antes era composta por um público de baixa renda e agora pertence a camadas mais favorecidas (até porque os preços dos ingressos não são nada populares). Também verificou-se uma mudança de faixa etária, isso porque os circos eram direcionados, principalmente, ao público infantil e, agora, o alvo são os adultos e clientes empresariais. E, embora mantenha o nome de circo, o espetáculo é uma mistura não só de atração circense, mas inclui enredo, sofisticação intelectual, luxo e glamour, encontrados nos grandes musicais da Broadway, no teatro e nos balés. A título de curiosidade, Deborah Colker foi a primeira brasileira e mulher, convidada a dirigir um desses espetáculos em turnê pelo mundo. Em seu enredo, ela conta a história de um mosquito que se apaixonou por uma joaninha, no espetáculo que recebeu o nome de *Ovo* – representando o ciclo da vida.

A criação do Cirque du Soleil é uma história de superação, porque surgiu a partir de uma grande crise no mercado circense. O assunto é narrado no livro *A Estratégia do Oceano Azul*[36], embora seja abordado pelos autores do ponto

---

[36] *A Estratégia do Oceano Azul* é uma metáfora (que dá nome ao livro) criada pelos autores W. Chan Kim e Renée Mauborgne. Criar um "oceano azul" seria a capacidade de uma empresa de se reinventar num momento de crise, e assim, navegar tranquilamente num oceano calmo, livre da concorrência. Enquanto o "oceano vermelho" seria a sangrenta disputa que vai se estabelecendo, cada vez mais acirrada, entre os que oferecem apenas os mesmos produtos. Nesse "oceano vermelho", muitas empresas acabam por afundar, sendo devoradas pelos tubarões da crise e da concorrência.

de vista estratégico, fazendo jus ao título proposto. Contudo, é possível também fazer uma análise paralela, sem discordar dos autores que olham para a questão mercadológica por um viés interessantíssimo.

Sendo assim, a ideia que proponho é um enfoque na atitude resiliente dos personagens centrais dessa história. Afinal, eles resistiram em seu propósito, sem desanimar, enquanto assistiam a maioria dos circos literalmente desaparecer do cenário. Vamos começar pela nebulosa crise no mundo circense, deflagrada por dois eixos centrais: 1) As crianças (o público-alvo, até então) não mais se interessam pelo que o circo oferece, pois elas agora são atraídas por tecnologia; 2) O público (coberto de razão) passou a repudiar a presença de animais nos espetáculos, pois ele agora não mais tolera esse tipo de maus-tratos. Esses dois ingredientes afastaram totalmente as plateias e, aqueles que não souberam absorver esse impacto, simplesmente "quebraram". O Cirque du Soleil, por sua vez, emergiu exatamente nesse contexto, cujo cenário era o pior possível, tornando-se um *case* único de sucesso. Já a "concorrência", desesperada, comprou os animais mais atraentes e contratou os melhores domadores (os mais caros também), baixando, ao mesmo tempo, o preço dos ingressos em relação às outras atrações para atrair mais público. Resultado: saldo negativo... e falência.

Ora, se houve uma grande superação, em um momento absolutamente crítico, é porque os protagonistas dessa história souberam absorver o impacto da crise, sem perder o eixo, e sem perder a confiança em si mesmos. É porque conseguiram, apesar da pressão, do estresse e, sobretudo, do perigo iminente, manter o equilíbrio e o discernimento –

o que permitiu fazer uma análise extremamente lúcida e inteligente do mercado, detectando o real foco do problema. Nesse sentido, obviamente, houve autonomia, pois não agiram como adultos imaturos (heterônomos) que ficam paralisados esperando ordens, tampouco se recusaram a pensar. Muito pelo contrário. O ponto forte dessa *virada* foi justamente a capacidade de raciocinar com clareza, mesmo estando no "olho do furacão". Vale dizer que o problema foi *equacionado, de modo a criar uma solução ética e acertada*. Ética, entre outras coisas, por ter eliminado a exploração e os maus-tratos aos animais (autonomia moral). E acertada, porque alavancou um negócio extremamente bem-sucedido, por conta de uma excepcional capacidade analítica e inventiva (autonomia intelectual).

Ao escrever o livro *Metacompetência*, o professor Eugenio Mussak cria um novo conceito. Para tanto, primeiramente ele define *competência* como "a capacidade de resolver problemas e atingir objetivos propostos". Ele afirma que ser competente, embora fundamental, já não é mais suficiente. É preciso ir além... é preciso inovar, oferecer algo a mais, surpreender... é preciso ser *metacompetente*. Pois a história do Cirque du Soleil permite uma analogia inspirada por esse raciocínio. Afinal, seus idealizadores foram além, visto que houve uma *reinvenção* do circo – e não somente uma adaptação ao mercado.

Por fim, acredito que uma empresa que deseja sobreviver às crises, quase sempre inevitáveis, precisa amadurecer os conceitos de *autonomia* e de *resiliência* – complementares em sua essência –, evitando o seu mau uso e a distorção de sentido. Para tanto, é preciso contar com líderes preparados, que saibam encorajar a *autonomia*, muito mais do que a obediência. E que saibam estimular a *resiliência* – e não a resignação. Afinal, se a resignação fosse o sentimento predominante perante o nebuloso cenário circense, os fundadores do Cirque du Soleil jamais teriam protagonizado esse espetáculo que encanta o mundo.

CAPÍTULO

PROTAGONISMO: A COMPLEMENTARIDADE DOS CONCEITOS

A vida não é filme...

A vida não é filme, você não entendeu
Ninguém foi ao seu quarto quando escureceu
Sabendo o que passava no seu coração
Se o que você fazia era certo ou não
E a mocinha se perdeu olhando o Sol se pôr
Que final romântico, morrer de amor
Relembrando na janela tudo que viveu
Fingindo não ver os erros que cometeu...

E assim, tanto faz
Se o herói não aparecer
E daí, nada mais

AUTONOMIA, RESILIÊNCIA E PROTAGONISMO

A vida não é filme, você não entendeu
De todos os seus sonhos não restou nenhum
Ninguém foi ao seu quarto quando escureceu
E só você não viu, não era filme algum...

(Herbert Vianna)

Em geral, o termo protagonista é destinado ao *herói*, ou àquele que ocupa o papel principal no cinema, no teatro, na novela, como define o Dicionário Houaiss. Acontece, porém, que nesses contextos, há alguém que escreve o roteiro (a ser decorado pelo protagonista), assim como um diretor que conduzirá todo o processo, nos mínimos detalhes (direcionando o protagonista). Já na vida real, o desafio de *protagonizar uma cena* é menos "hollywoodiano" – e um tanto mais complexo –, pois implica em ser o diretor, o ator, e o roteirista, a um só tempo.

Alguns autores e palestrantes costumam dizer que precisamos ser *protagonistas* de modo a segurar as rédeas de nossa vida. Particularmente não discordo. Mas prefiro a expressão **"segurar as rédeas da nossa evolução".** Porque querendo ou não, já estamos "atados" à nossa vida, da qual não podemos escapar, "até que a morte nos separe". Porém, ela pode, sim, por descuido ou desatenção, ser desperdiçada ou mal vivida – e isso não será culpa do destino. Assim, o que devemos, de fato, agarrar firmemente é o nosso propósito evolutivo, uma vez que ele não está passivamente atrelado a nós. Evoluir é uma escolha consciente, uma decisão madura, que exige esforço e determinação.

Se pararmos para pensar, que outro propósito teria a vida, senão o de evoluir? De que valeria passar por tantos momentos, maravilhosos ou perturbadores, se for para permanecer no mesmo estágio em que começamos? Na anomia? Na heteronomia? Nas limitações do pensamento concreto? Nos primeiros degraus da escala de Kohlberg? A própria palavra protagonismo vem do latim "protos" e significa *principal*, juntamente com "agonistes" que quer dizer *lutador*. É possível imaginar um lutador acomodado? É possível imaginar alguém que foi à luta e não evoluiu em nada com a experiência?

Ao defender seu doutorado, cujo tema era *O Deus Inconsciente*, Viktor Frankl se confronta com o pai da psicanálise. Pois para Freud, a raiz das neuroses está na frustração do desejo sexual reprimido. Mas para Frankl, a neurose nada mais é do que o reflexo de um *vazio existencial*. Assim, ele afirma que *a alma humana clama por encontrar um sentido maior na vida*. E essa busca de sentido, inclui compreender o sofrimento a que todos são submetidos, independentemente de qualquer condição social, aparentemente privilegiada. Frankl entente que o sentido do sofrimento é testar, até as últimas consequências, a nossa capacidade de manter a dignidade e a preservação dos valores, de modo a lapidar uma elevação espiritual. O psiquiatra chega a essa conclusão após superar dolorosa experiência em campos de concentração: "Se há sentido na vida, deve haver, também, um sentido para o sofrimento". Ora, e que sentido pode haver no sofrimento, senão o de evoluir para outros estágios de consciência?

Alexander Lowen, que também se confrontou com a psicanálise e inaugurou a bioenergética[37], definiu *felicidade*

---

37 A **bioenergética** é uma técnica de exercícios corporais, cuja função terapêutica é reestabelecer o equilíbrio do organismo como um todo.

como "a consciência do crescimento". Para ele, a fonte principal de nossas angústias é a *estagnação:* a sensação de paralisia, de permanecer no mesmo lugar. Pois o ser humano adoece, justamente, quando se sente inoperante diante da vida. Entendo que isso ocorre, porque o sofrimento é inevitável. Mas permanecemos nele, quando não conseguimos evoluir para outros patamares de compreensão da experiência dolorosamente vivida.

Já para a junguiana Sylvia Mello Baptista, autora de *O Arquétipo do Caminho*, o homem adoece quando se perde de seu caminho. E perder-se de seu caminho significa que houve um distanciamento de si mesmo. A psicóloga inicia seu livro com a afirmação de que é impossível falar em caminho sem considerar o processo de "tornar-se aquilo que se é" – algo que Jung[38] chamou de *individuação*. Ao expor seu pensamento, a autora dá ênfase ao papel do *herói* (protagonista) na vida de cada um, o que para ela simboliza a *potência* para trilhar um caminho. E esse herói é aquele que *executa*, que *age*, que *aprende* e, sobretudo, **é alguém que "existe para transformar, e seu feito sempre modifica o coletivo; ele (o herói) traz algo de novo a esse coletivo".**

Enfim, abraçar um propósito evolutivo é exercer a autonomia que direciona para um caminho a ser percorrido, cuja decisão é uma escolha consciente. Mas seja qual for essa direção, uma trajetória ascendente só é possível quando abandonamos o ***egocentrismo*** presente no início da vida, rumo a um processo de *socialização* – o que abrange,

---

38 **Carl Gustav Jung** foi um psiquiatra e psicoterapeuta suíço que inaugurou a psicologia analítica.

indiscutivelmente, *cooperação* e *preocupação com o bem comum*. É a autonomia (moral e intelectual) que também nos liberta dos condicionamentos sociais, permitindo que façamos opções, tanto na vida pessoal, como na vida profissional, harmonizadas com o nosso *eu* mais profundo.

Contudo, para que realmente possamos trilhar um caminho (com propósito evolutivo), o primeiro passo é reconhecer que somos seres "incompletos", "inacabados" e "condicionados" (termos utilizados por Paulo Freire, ao definir a condição humana). E esse reconhecimento é o combustível necessário à busca de *expansão do próprio eu*, rumo a um processo de **autorrealização** (ao mesmo tempo que de individuação). Jung afirmou que do ponto de vista do inconsciente, os indivíduos se assemelham extremamente e, portanto, "só a individuação produz diferenças", no sentido de podermos expressar nossas potencialidades.

Paulo Freire também apontou a necessidade de o homem reconhecer-se como "fazedor do seu próprio caminho". E, para assumir esse papel, o indivíduo precisa estar consciente de sua realidade, reconhecendo o mundo que o cerca e as forças que o controlam, pois só assim poderá, de fato, ser um agente transformador. Para o educador, é "preciso saber-se condicionado e não fatalisticamente submetido a este ou aquele destino, para que se abra o caminho à sua intervenção no mundo". **E essa intervenção no mundo, só fará sentido se for para transformar o meio, à medida que o protagonista também transforma a si mesmo.** São, portanto, processos interdependentes e complementares.

AUTONOMIA, RESILIÊNCIA E PROTAGONISMO

Protagonismo: o arquétipo

O *protagonismo*, enquanto possibilidade psíquica comum a todos os seres humanos, é representado numa ***imagem arquetípica***[39] de origem desconhecida, que tem ao menos seis

---

39 **Imagem arquetípica** é a representação simbólica de um **arquétipo**. *E o que é arquétipo?* Para Jung, do mesmo modo que o corpo humano apresenta uma anatomia comum, sempre a mesma, apesar das diferenças raciais, também a psiquê humana possui um substrato comum: o **inconsciente coletivo** – que é constituído por ***arquétipos***. Isto é, os conteúdos psíquicos mais profundos dos seres humanos, independentemente de suas crenças, etnias e valores, à medida que transcendem às diferenças culturais. Na qualidade de herança comum ao homem, os arquétipos representam disposições latentes, para reações idênticas. São, portanto, possibilidades herdadas pelo homem, para representar imagens semelhantes. Nas palavras de Jung:
"Do mesmo modo que os sonhos são constituídos de um material preponderantemente coletivo, assim também na mitologia e no folclore dos diversos povos certos temas se repetem de forma idêntica. A estes temas dei o nome de arquétipos, designação com a qual indico certas formas e imagens de natureza coletiva, que surgem por toda a parte como elementos constituídos de mitos e ao mesmo tempo como produtos autóctones individuais de origem inconsciente".

séculos de existência: a carta de tarô "O Carro". Os significados culturalmente atribuídos a essa carta são: vitória, conquista, superação de obstáculos, liderança e autorrealização. A partir dessa imagem, proponho uma análise de seu conteúdo simbólico (arquetípico), que também permite observar a complementaridade dos conceitos em debate neste livro. Para tanto, o sentido místico, esotérico ou divinatório do tarô, será totalmente deixado de lado. Simplesmente porque não é o foco.

Visto isso, a descrição dessa *imagem arquetípica* é a seguinte: um jovem e vigoroso rei, com uma coroa dourada, postado em seu carro. Um carro que demonstra estar em movimento, estar a caminho de algo. Esse carro é puxado por dois cavalos, de cores diferentes (geralmente um branco e o outro preto) e que buscam por caminhos opostos. O rei, aparentemente seguro, conduz *o carro*, embora os cavalos não possuam rédeas. *O que representam esses símbolos? E qual a possível analogia com os temas propostos?*

O jovem vigoroso

Não faria o menor sentido se essa carta fosse protagonizada por um ancião. Pois ela refere-se a uma jornada diante da vida, na qual um dos objetivos centrais pressupõe a conquista da maturidade, em todos os aspectos (afetivo, cognitivo, profissional etc.). Para tanto, é preciso ter coragem para deixar o conforto do lar e a superproteção dos pais (assim como qualquer outra zona de conforto), em busca das próprias conquistas. Algo que exige atirar-se ao mundo, ir à luta, em prol de uma realização genuinamente pessoal, que só se concretiza quando deixamos de ser adultos infantilizados (heterônomos).

O chamado *Complexo de Peter Pan*, outra *imagem arquetípica*, até mais conhecida, representa o adulto que não quer crescer. E isso ocorre, geralmente, quando o ambiente familiar é demasiadamente protetor, de modo que se torna difícil deixá-lo para encarar as dificuldades da vida e o medo do desconhecido. A figura do jovem vigoroso conduzindo um carro, portanto, expressa o caminho que percorremos no "tornar-se adulto", desfrutando dos prazeres dessa conquista, mas também arcando com suas atribuições. Isto é, a **responsabilidade** absoluta por nossos atos e escolhas, assim como o real **comprometimento** perante os papéis que assumimos na vida – e suas respectivas tarefas.

O rei com sua coroa dourada

O rei representa o soberano que, na hierarquia, não tem ninguém acima dele, lembrando-nos de que em nosso processo de autorrealização, nenhum outro ser, além de nós, tem autoridade na escolha do caminho que será percorrido. Isso porque, infelizmente, muitos indivíduos desperdiçam uma vida inteira, tentando realizar somente os desejos dos outros. Quantos jovens, com medo de perder o amor dos pais, ou de frustrá-los, não escolhem profissões que atendam às expectativas deles, e não as próprias?

Assim, para que se faça uma escolha consciente é preciso contar com a lucidez, com a autonomia, além do autoconhecimento, caso contrário, a jornada pode ser um grande equívoco. Assim, **a coroa dourada simboliza a clareza mental, o "insight" que precisamos ter como força diretiva, para não embarcarmos em caminhos que não sejam, de fato, os nossos.**

O carro

O carro (que também é o nome da carta) indica movimento, ação, protagonismo. Ora, o rei está dirigindo o carro – em vez de ficar sentado no seu trono, inerte, esperando que as coisas lhe caiam do céu. Tampouco ele fica ali parado, dando ordens para que os outros façam por ele. O que seria até impossível, pois independentemente do poder de comando de um cargo ocupado, da riqueza material que se possui, ou do status de uma posição social, as conquistas significativas da vida só podem ser alcançadas por meio do esforço pessoal (e intransferível). Ninguém, além de nós, pode dirigir o carro que conduz à autorrealização.

O carro é também o veículo da mudança. A mudança que nos remove da inércia, da estagnação, levando-nos a lugares inexplorados (outros estágios de consciência) – e a algumas vitórias e conquistas. **Assumindo seu *protagonismo* perante a vida, o rei parte em viagem.** E são justamente as vivências dessa jornada que vão desencadear as transformações necessárias, assim como o despertar de potenciais (*individuação*) e o amadurecimento do indivíduo.

O caminho sempre terá belas surpresas e paisagens, mas também haverá pedras, buracos e armadilhas. As oscilações climáticas serão muitas, cada qual exigindo uma forma diferente de adaptação – desde o inverno duro e solitário, ao verão escaldante –, o que exigirá *resiliência* para continuar a viagem, de modo a não esmorecer perante as dificuldades e os imprevistos que, certamente, ocorrerão.

E de que valeria a viagem se, por exemplo, ao partir de uma bela praia encontrada no caminho, latinhas e garrafas forem esquecidas na areia, destruindo a beleza natural do lugar? É *durante* a jornada que o protagonista deixa suas marcas e impressões. E a qualidade dessas "impressões" depende da capacidade de sentir-se *pertencente ao mundo*. Segundo Lowen, é **o sentimento de pertinência, de fazer parte, que conecta os seres humanos entre si – e mobiliza o cuidado com o que é de todos, ao mesmo tempo, que é também seu**. Afinal, **você é dono:** da praia paradisíaca, da praça com árvores e bancos, do patrimônio histórico dos lugares que visita, da calçada por onde anda (e da empresa em que trabalha, quando esse entendimento é compartilhado em todas as escalas da hierarquia).

Os cavalos que buscam direções opostas

Os diferentes cavalos que buscam direções opostas simbolizam os conflitos humanos, as dúvidas, os desejos contraditórios, as polaridades emocionais (o êxtase e a depressão, o medo e a coragem, a vergonha e o orgulho, o amor e o ódio), a ânsia de liberdade *versus* o medo da solidão, assim como a busca das realizações material e espiritual que, quando mal conduzidas, tendem a se antagonizar.

Assim, os cavalos também representam o alerta de que é preciso manter o equilíbrio durante a jornada, ponderando-se as paixões e a racionalidade a um só tempo. Trata-se do ***equacionamento necessário às decisões que são tomadas na vida.*** Isto é, o desafio implícito na totalidade das relações humanas, de se utilizar o ***bom senso***, inclusive, para que não sejamos nem duros demais, nem complacentes demais.

A ausência de rédeas

A ausência de rédeas é, por fim, a maior "charada" desta carta. E também o seu enigma (por isso ele está oculto). Afinal, **quem segura as rédeas?** O elemento ausente é extremamente importante para despertar a percepção sobre o principal simbolismo dessa *imagem arquetípica*. Pois **só fará a viagem, de fato, quem descobrir-se como o condutor do carro – aquele que segura as rédeas de sua evolução.**

Para tanto, essa evolução precisa acontecer, ao mesmo tempo, nas dimensões moral e intelectual. **É imperativo, portanto, segurar juntamente as duas rédeas. Caso contrário,** *o carro* **sai da rota.** Se agarrarmos somente as rédeas do desenvolvimento intelectual, um dos cavalos puxará para um lado. E, se agarrarmos somente as rédeas do desenvolvimento moral, o outro cavalo puxará para o lado oposto. **Logo, será impossível andar para frente.**

É o *saber fazer*, aliado ao *querer fazer* (equivalentes ao estágio 6 da escala kohlberguiana), que motiva o condutor do carro: um jovem e vigoroso rei, com potencial para tornar-se alguém como o sábio rei Salomão. Posto que, sabedoria e inteligência não são a mesma coisa. Pois a inteligência provém da experiência, do conhecimento empírico, da lógica e da razão – e a sabedoria contém a inteligência, mas também o amor, a um só tempo.

Todos nós, sem exceção, temos o desafio de avançar nessa autonomia moral e intelectual, que nos permite *equacionar problemas*, tomar decisões e fazer escolhas genuínas. E é essa **autonomia**, *juntamente com a resiliência aos percalços do caminho*, que nos faz **protagonistas** de uma jornada singular.

Imagens do inconsciente: protagonizando uma nova psiquiatria

A riqueza simbólica das imagens do inconsciente – e seu conteúdo arquetípico – também foi objeto de estudo da psiquiatra brasileira Nise da Silveira, que protagonizou uma revolução na terapêutica dos pacientes manicomiais. No livro *O Mundo das Imagens,* Nise relata sua luta para melhorar a qualidade de vida desses pacientes e, sobretudo, reintegrá-los à sociedade. Tarefa difícil para essa profissional que questionou a "indústria da loucura", acusando-a de ser demasiadamente lucrativa para os laboratórios que, na sua opinião, produzem medicamentos para "controlar os sintomas, mas não os curam". Além disso, o principal tratamento empregado nos hospitais psiquiátricos de sua época era o uso do *eletrochoque,* uma prática que ela definitivamente abominava.

Nise se opunha ao eletrochoque – embora recomendável em raríssimos casos -, principalmente por tratar-se de um método que causava sofrimento, sem apresentar resultados satisfatórios que justificassem sua aplicação, sobretudo a longo prazo. A psiquiatra acreditava que era mais importante fornecer ao indivíduo "uma atmosfera de apoio emocional". Para tanto, ela introduziu a Terapia Ocupacional (pintura, modelagem, música, trabalhos artesanais etc), assim como a presença de animais (na maioria das vezes cachorros e gatos) no papel de co-terapeutas. E foi assim que Nise inaugurou uma nova fase para a psiquiatria, ao retomar seu trabalho no ano de 1946, no centro psiquiátrico de Engenho de Dentro.

Para Nise, a arte permite decifrar a linguagem do

inconsciente, que se manifesta nas *imagens arquetípicas*, representadas nas telas. Mais do que isso, a arte permite a expressão simbólica dos conflitos internos que desencadeiam as psicoses, possibilitando uma cura mais profunda – à medida que a dor e o sofrimento encontram uma legítima forma de manifestação – sem barreiras, sem repressões, sem a prisão de uma "camisa de força química". Inúmeras obras, produzidas na Sessão de Terapia Ocupacional, relatam histórias de amores frustrados, interrompidos, que deixaram saudades e marcas profundas. A título de curiosidade, uma dessas histórias é representada por uma esquizofrênica que insistia em pintar mulheres, metamorfoseadas com árvores. Uma *imagem arquetípica* que remete ao mito grego de Dafne: uma ninfa que foi transformada em loureiro, impedida de vivenciar seu amor por Apolo.

Hoje, o mundo compreende com muito mais clareza o valor da abordagem terapêutica proposta por Nise. Mas na época, a Terapia Ocupacional era motivo de piada para seus colegas da medicina, que a consideravam um método subalterno, ingênuo, inócuo e destinado apenas a "distrair" os pacientes.

Quanto à presença dos animais nas oficinas, Nise apontava algumas justificativas: a primeira delas – e também a principal – é a importância do vínculo emocional para o doente mental. E a relação que esses pacientes estabeleciam, com os animais que espontaneamente adotavam, era substancialmente capaz de restaurar essa possibilidade afetiva. A outra justificativa se baseava no fato de que muitos dos internos eram retirados da rua e, drasticamente, separados de seus animais de estimação (que eram levados para a zoonose) – um procedimento que lhes causava imensa dor, agravando ainda mais o problema. Afinal, eles perdiam seu único e melhor amigo. Nesse aspecto, Nise foi mais uma vez incompreendida. Pois os médicos do hospital sabotavam agressivamente a presença dos animais co-terapeutas, de todas as formas, chegando ao ponto de matá-los por envenenamento – episódio trágico que levou os pacientes ao desespero, desencadeando novos surtos.

Assim, a trajetória de Nise da Silveira claramente desvela sua *autonomia intelectual*, que a fez questionar a eficácia, ou melhor, a ineficácia dos métodos terapêuticos de sua época, defendidos por autoridades no assunto. Enquanto sua *autonomia moral* também a fez questionar a desumanidade desses métodos, à medida que violavam a dignidade humana. Foi preciso muita *resiliência* para reverter a situação, sem sucumbir às pressões e ao preconceito dos que zombavam da médica "que insistia com aquelas bobagens".

Mas Nise atingiu seu objetivo, revolucionando o modelo de psiquiatria para além do Brasil. O próprio Jung veio conhecer o Museu de Imagens do Inconsciente, por ela inaugurado em 1952 (hoje com acervo de mais de 300.000 obras). Seu trabalho também possibilitou o reconhecimento internacional de artistas considerados geniais, por renomados críticos de arte como Mario Pedrosa, entre outros. A reinserção de inúmeros internos ao convívio social, com capacidade, inclusive, de ganhar o próprio sustento por meio da arte, é uma eterna inspiração deixada por Nise: a mulher que agarrou as rédeas de sua convicção pessoal e profissional, *protagonizando* uma nova era aos pacientes psiquiátricos.

PROTAGONISMO
É a competência necessária para assumir as rédeas da evolução pessoal e profissional, **CONCRETIZANDO AÇÕES** em busca da **REALIZAÇÃO INDIVIDUAL E COLETIVA.**

Complexo de Jonas: a negação do protagonismo?

O *Complexo de Jonas* foi identificado por Abraham Maslow, psicólogo conhecido na área da administração por sua Teoria da Hierarquia das Necessidades Humanas. Como se sabe, a *Pirâmide de Maslow* coloca a *autorrealização* no topo das necessidades humanas, à medida que ela só é almejada quando outras necessidades anteriores já estão atendidas.

Pirâmide de Maslow

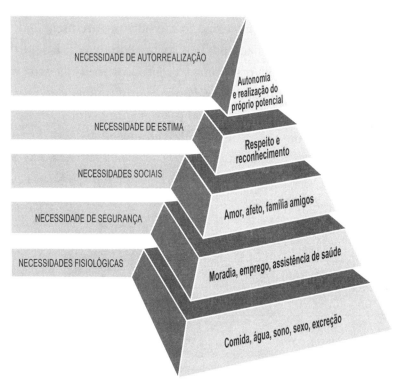

Para Maslow, a necessidade de *autorrealização* diz respeito ao desejo de desenvolver nossas potencialidades, nossa capacidade criativa de "ser quem podemos ser" (conceito relativamente semelhante ao que Jung chamou de *individuação*). Quanto à história de Jonas, para quem não a conhece, trata-se de uma passagem bíblica que pode ser resumida da seguinte forma:

Deus pede ao profeta Jonas que vá pregar ao povo de Nínive. Mas Jonas teme assumir essa tarefa e foge para Társis. Durante sua viagem, a embarcação é atingida por uma tempestade. Os tripulantes, acreditando ser Jonas o responsável pela fúria da tormenta, atiram-no ao mar. E ele é engolido por um enorme peixe, dentro do qual se mantém vivo por alguns dias. Até que, então, Jonas em suas orações decide atender ao chamado divino... E quando Deus ouve sua prece, o grande peixe o devolve salvo, exatamente na praia de Nínive.

Nesse contexto, Jonas seria a **imagem arquetípica** daquele que teme a *autorrealização* e, por esse motivo, foge ou se esconde, renegando sua própria vocação. Fazendo uma alusão ao personagem bíblico, Maslow propõe que o *Complexo de Jonas* é vivenciado por alguém que se autossabota. E isso faz com que esse indivíduo aja de modo a esconder suas reais potencialidades.

Mas porque alguém agiria dessa forma? Por *insegurança*, por *medo da rejeição*, ou por *culpa*. Jonas sentia-se indigno (inseguro) de sua tarefa e, por essa razão, buscava o anonimato. Sabe-se que o reconhecimento profissional é algo que chama a atenção, o que pode despertar inveja e, consequentemente, a rejeição dos colegas (o que gera medo). Contrariando o senso comum – de que "os verdadeiros amigos se revelam é nos momentos de dificuldade" –, o ser humano, em geral, costuma ser solidário nesses momentos. No entanto, as pessoas (quando não são verdadeiros amigos) se afastam, justamente, nos bons momentos, quando não "suportam" o sucesso alheio.

Já o sentimento de culpa, pode estar galgado no receio de se destacar demais em relação aos pais, familiares ou amigos, quando em situação muito precária, o que leva à autossabotagem (juntamente com outros processos inconscientes que serão explorados mais à frente).

Jonas representa, então, os que são "engolidos pelo grande peixe", quando sucumbem às dificuldades e abandonam seus propósitos. Em outras palavras, ao vivenciar esse arquétipo o indivíduo não assume seu **protagonismo** perante os desafios profissionais que a vida lhe apresenta, pois falta-lhe **autonomia** *para tomar decisões* e **resiliência** para lidar com os possíveis conflitos que irão surgir.

Em última instância, o *Complexo de Jonas* acomete, sobretudo, aquele que ainda não encontrou um *sentido para a vida*, aquele que não abraçou sua verdadeira missão. Embora todos tenham uma. Pelo menos é o que afirma Viktor Frankl em suas reflexões:

> "Cada qual tem sua própria vocação ou missão específica de vida; cada um precisa executar uma tarefa concreta, que está a exigir realização. Nisto a pessoa não pode ser substituída, nem pode sua vida ser repetida. Assim, a tarefa de cada um é tão singular como a sua oportunidade específica de levá-la a cabo".

> "Em suma, cada pessoa é questionada pela vida; e ela somente pode responder à vida *respondendo por sua própria vida*; à vida ela somente pode responder sendo responsável".

O papel do líder

Um líder educador – cujo objetivo é influenciar e desenvolver pessoas – precisa ficar atento, de modo que possa reconhecer *potenciais* que estão escondidos, usando de sua sensibilidade para identificar talentos e ajudar os que precisam superar o *Complexo de Jonas*. Pois no ambiente corporativo existem muitos indivíduos que bloqueiam sua capacidade, somente para continuar anônimos e aceitos pelos demais. Assim, evitam despertar sentimentos negativos de concorrência. Muitas vezes, aquele que fala pouco durante as reuniões, parece tímido, pode ser justamente alguém que teria muito a contribuir, mas optou por esconder-se.

Sem dúvida, não é tarefa fácil para um líder, mas representa um desafio nobre, que vale pena encarar. Em um mundo de disputas e de vaidades, no qual muitos indivíduos supervalorizam suas qualidades, com baixíssimo nível de autocrítica, reconhecer o mérito e fortalecer potenciais é fundamental. Para tanto, é preciso ser extremamente atencioso, próximo, saber ouvir ideias e encorajar aquelas que forem aplicáveis e pertinentes. Só assim é possível conhecer a fundo a própria equipe – e "libertar" os que se autossabotam, permanecendo no estômago da baleia.

Punição x Reparação: a mudança de cultura

Desde a infância, inúmeras são as formas de castigos e de punições, presentes na vida do ser humano. Afinal, essa é a maneira de "educar" e de impor disciplina, adotada pela maioria dos pais (bem-intencionados) e, posteriormente, pelos professores... pelas autoridades vigentes... etc. Segundo o Dicionário Houaiss, disciplina quer dizer: obediência às regras e aos superiores. E disciplinar significa: domar, penalizar, castigar. Michel Foucault escreveu o clássico *Vigiar e Punir* tecendo reflexões sobre o tema, numa profunda análise da sociedade e de seus "métodos" de punição e de controle. Mas, quem refletiu especificamente sobre a forma como os adultos lidam com as faltas cometidas pelas crianças, foi Piaget.

O psicólogo suíço faz uma significativa distinção entre o que ele chamou de *sanção expiatória* e *sanção por reciprocidade*. Sanções expiatórias (ou punições) têm como objetivo infligir sofrimento perante a gravidade da falta. E não estabelecem relação entre a ação culposa e o castigo atribuído. Justamente por isso, Piaget afirma que não desenvolvem a autoconsciência, prolongando a heteronomia do sujeito.

Diferentemente da *sanção expiatória* (punição ou castigo), a *sanção por reciprocidade* tem uma proposta mais audaciosa, sendo o único caminho para se desenvolver, de fato, a autonomia dos indivíduos. Mas antes de iniciar a explicação deste conceito, proponho substituir a expressão *sanção por reciprocidade* pela palavra **reparação**. O motivo é somente a necessidade de simplificar a linguagem adotada. A **reparação** *(ou sanção por reciprocidade)* por sua vez, embora inevitavelmente contenha um elemento de desconforto, **tem como objetivo restabelecer o vínculo que foi quebrado, compensando o sentimento de dor ou prejuízo que foi causado à vítima.**

Vamos imaginar uma situação corriqueira, mas que permite ilustrar o quão a conduta adotada pelos pais pode manter, ou despertar, distintos estágios de consciência: anomia, heteronomia e autonomia. Por exemplo: num momento de birra, a criança quebrou, propositadamente, o carrinho do(a) amiguinho(a). Se os pais, sabendo do ocorrido, não tomarem nenhuma atitude, ou até ajudarem seu filho a ocultar o seu feito, ele dificilmente sairá da *anomia* e tende a tornar-se um adulto transgressor, caso essa conduta se transforme numa rotina. Felizmente, a maioria pais não age dessa forma. Mas na tentativa de "educar" seus filhos, aplicam punições sem nenhum significado objetivo: deixam de castigo no quarto, proíbem de jogar videogame etc. Em alguns casos, os pais também "educam" com umas boas palmadas. Mas essas formas de **punição,** só servem para prolongar a *heteronomia* de seus rebentos. Pois o indivíduo cresce e deixa de agir de tal forma, somente para não ser penalizado (estágio 1 na escala kohlberguiana = evitar a punição), em vez de adquirir consciência do prejuízo causado à outrem. Como já dito, torna-se um adulto infantilizado, com extrema dificuldade em assumir a responsabilidade por seus atos.

Já na *educação para a autonomia*, o foco é mais complexo, porém requer mais trabalho também. Pois o indivíduo precisa reconhecer sua responsabilidade perante o ato e, por essa razão, **reparar** o erro cometido. Sendo assim, o primeiro passo, por parte dos pais, é estimular a reflexão sobre o ocorrido, pedindo à criança para colocar-se no lugar de quem sofreu o dano (desenvolver empatia). É muito importante perguntar: como você se sentiria se fizessem o mesmo com você? E aguardar uma resposta, que se não for imediata, deve-se dar um tempo para que ela possa pensar e responder depois.

Mas somente isso não basta. É preciso, como já dito, uma **repar(ação)** perante o erro, de modo a restabelecer o vínculo que foi prejudicado. Nesse caso, os pais devem, por exemplo, fazer a criança reunir seus carrinhos e chamar o(a) amiguinho(a) para que escolha, para si, o que mais lhe agradou – e que possa, de certa forma, substituir o que lhe foi danificado. Talvez não seja algo simples para alguns pais, mas é a melhor forma de se educar para a *autonomia*, além de desenvolver *protagonismo* e *resiliência*. **Protagonismo,** porque na reparação existe uma **ação efetiva,** que remove o indivíduo da passividade do castigo e/ou da culpa (inoperante) diante do prejuízo causado a outrem. E **resiliência** porque aprende-se a lidar, desde cedo, com *perdas, frustrações* e, principalmente, *contrariedades*. Até porque, **embora a *reparação* não seja violenta, em alguns casos ela pode ser até mais penosa do que a *punição*.**

Quando o foco é desenvolver a autonomia, resiliência e protagonismo no ambiente corporativo, o caminho educativo é exatamente o mesmo. Embora essa talvez seja a parte mais confusa para as organizações, quando pretendem levar o conceito à prática. Pois algumas empresas cobram "autonomia" de seus colaboradores, mas na primeira falha (e seres humanos cometem falhas) aplicam-lhes punições sem sentido. Um grande equívoco e que leva à seguinte interpretação, por parte dos colaboradores: "Aqui, essa tal 'autonomia' é somente da boca pra fora!". Outras empresas, por sua vez, na tentativa de fazer um discurso "coerente" com a autonomia outorgada, ficam receosas em *punir* os erros e acabam promovendo um certo clima de permissividade (de fazer o que se quer). O que também é um equívoco, por gerar uma atitude imatura e descompromissada entre os colaboradores.

Organizações que desejam, de fato, comportamentos de autonomia, resiliência e protagonismo devem, entre outras coisas, fortalecer uma *cultura de repar(ação)*. Para tanto, é preciso formar líderes que saibam cobrar de seus colaboradores essa atitude de compensação em relação aos erros cometidos, em vez de impingir punições vazias de sentido – como assinar uma advertência, por exemplo. Já ouvi pessoas que chegam a dizer "valeu a pena faltar no feriado e ter somente que assinar um papel". É preciso, acima de tudo, ter em mente que o "não punir" e a "punição sem reparação" são igualmente ineficazes, quando o objetivo é cobrar responsabilidade de um indivíduo maduro. Somente na *ação reparadora* reside a essência dos conceitos em debate.

Um ótimo exemplo de **repar(ação)** é retratado numa cena do filme *Gandhi*, no qual esse sábio líder aplica o conceito com exímia precisão. O cenário é mais ou menos assim: Gandhi está deitado em uma cama, já muito fraco e debilitado por estar jejuando há algumas semanas. Seu gesto é uma forma de pedir aos hindus e muçulmanos que parem de guerrear entre si, pois estavam brigando para assumir o poder em seu país. A Índia já havia se libertado da invasão inglesa, pelo método da não-cooperação e da não-violência proposto pelo Mahatma – e o cenário de mortes e de violência era totalmente contraditório ao ideal de luta pelo qual haviam conquistado sua independência. Eis que em determinado momento, Gandhi é abordado por um homem hindu, que totalmente atormentado por sua consciência, lhe fazia um apelo.

Hindu: – Coma esse pão. Eu já vou para o inferno, mas não vou levar também a sua alma nas minhas costas.

Gandhi responde: – Só Deus tem o poder de julgar quem vai ou não para o inferno. O que você fez?

Hindu: – Eu matei um menino. Um menino mais ou menos "desse tamanho" (apontando com a mão). Os muçulmanos assassinaram o meu filho. Eu fiquei cego de raiva e por vingança fiz o mesmo com um deles.

Gandhi: – Eu tenho uma solução para que você possa sair do inferno. Procure um menino, mais ou menos "desse tamanho" (também apontando com a mão), que também perdeu os pais nesse confronto, e crie esse menino como um filho seu. Mas certifique-se de que ele seja um menino muçulmano.

Nesta passagem, Gandhi propôs uma *repar(ação)* – o que é muito diferente de chibatadas, apredrejamentos, ou da lei de talião: olho por olho, dente por dente. Impingir uma punição, por mais dolorosa que seja, coloca o réu sempre numa posição absolutamente passiva e receptiva diante de seu ato. Entretanto, Gandhi fez diferente, por ser um líder sábio e muito justo: um legítimo representante do estágio 6, proposto por Kohlberg. Ele apontou um caminho pelo qual o hindu poderia, efetivamente, *protagonizar* uma ação *reparadora*, diante de seu erro. E, com essa ação, esse homem poderia, efetivamente, libertar-se da culpa que tanto o atormentava.

Quando líderes do mundo corporativo se inspiram nesse exemplo e trabalham para substituir a *punição* pela *reparação*, atinge-se um outro patamar de consciência, gerando também novos padrões de qualidade – no qual autonomia e protagonismo se complementam. E quando essa cultura se fortalece dentro da empresa, ela também se torna mais criativa e ágil ao providenciar soluções que possam, de fato, reparar possíveis danos causados a terceiros. Sabemos que o consumidor está cada vez mais exigente e consciente de seus direitos. E, por essa razão, quando ele se sente lesado – e não há uma ação rápida e reparadora a contento –, a empresa poderá sofrer processos que geram desgaste e prejudicam a sua imagem. Enquanto isso, a concorrência pode estar em direção oposta, trabalhando para fidelizar em longo prazo seus clientes.

Culpa x Reparação: a mudança pessoal

No capítulo anterior, um dos pontos levantados é que onde há *resignação*, não há *protagonismo*. Pois a resignação é apática – e o protagonismo exige ação. Em alguns casos, **uma ação efetivamente reparadora**. Para tanto, o indivíduo precisa ter uma profunda consciência de si mesmo e de suas atitudes, o que nem sempre acontece.

O aforismo grego *Conhece-te a ti mesmo* está inscrito na entrada do templo de Delfos, em homenagem a Apolo, o deus do Sol, da beleza e da harmonia. A frase completa é *Conhece-te a ti mesmo e conhecerás os deuses e o Universo*. Mas o ser humano resiste em mergulhar num processo intenso de autoconhecimento (sugerido há séculos), principalmente porque teme reconhecer suas fragilidades e seus aspectos obscuros – algo que Jung sabiamente chamou de *sombra*[40]. Por falta desse autoconhecimento, o ser humano também

---

40 **Sombra** refere-se ao lado mais primitivo da personalidade humana. A sombra contém nossos desejos inconscientes, totalmente reprimidos, por serem agressivos ou imorais. Em geral, são aspectos de nós mesmos que repudiamos, pois não conseguimos aceitá-los. E, por essa razão, a sombra costuma ser projetada nos outros indivíduos, a quem apontamos nossos próprios defeitos. Contudo, a sombra também possui aspectos positivos, isto é, "potenciais" que ainda não foram descobertos pelo sujeito, em seu processo de autoconhecimento.

carrega inúmeras culpas, cujos motivos são predominantemente inconscientes. E, embora a culpa seja um sentimento moral – cuja ausência determina a *psicopatia* –, por outro lado, ela também atua como **sabotadora da autorrealização**, roubando energia psíquica e impedindo que o protagonismo se concretize.

Culpa e autopunição (ou autossabotagem) são processos psicológicos complementares. Em algumas circunstâncias, a autopunição advém da própria consciência, fruto da vergonha e do arrependimento. Mas outras vezes, a culpa reflete um padrão moral rígido e/ou equivocado, que fora introjetado pelo indivíduo quando sua moralidade ainda estava em construção, embora ele não tenha consciência disso. E é por essa razão que se faz necessário o autoconhecimento. Pois um heterônomo é aquele que teme a punição advinda de um julgamento externo, enquanto o autônomo é aquele que teme a punição que vem de sua própria consciência. Resta saber, então, o quanto esta "consciência" está sadia, bem estruturada e realmente alinhada aos princípios éticos universais, ou o quanto ela é um depositário inconsciente de projeções[41] paternas e de uma sociedade com valores ultrapassados e/ou questionáveis.

Alcançar o discernimento que nos permite fazer essa distinção é uma longa tarefa de autoconhecimento. E que se justifica por meio de uma pergunta que todos deveriam fazer a si mesmos: quando sinto culpa, é por ouvir a voz da

---

41 **Projeções** são mecanismos de defesa do ego, nos quais atribui-se a uma outra pessoa, animal ou objeto, as qualidades, sentimentos ou intenções que se originam dentro do próprio indivíduo. Alguns estudos apontam que as pessoas que tendem a estereotipar as outras, de forma preconceituosa, revelam pouca percepção sobre si mesmas. Assim como aquelas que negam ter um determinado traço de personalidade, são sempre mais críticas em relação a esse traço, quando o veem nos outros.

minha própria consciência, ou porque internalizei padrões impostos por uma cultura impregnada de preconceitos?

O clássico romance de Dostoiévski[42], *Crime e Castigo*, trata da questão da autocondenação de forma muito peculiar:

> Raskolnikov era um jovem estudante de família pobre, sem compaixão por qualquer pessoa, e extremamente arrogante. Ele se declarava acima da lei, além de rejeitar toda a moralidade convencional. Afinal, as leis não passavam de meras imposições da sociedade. Enquanto ele, um homem "sábio" e "racional", deveria desfrutar da liberdade de poder construir a sua própria moralidade. Motivado por esse propósito, ele comete o assassinato de uma agiota a qual chamava de "velha inútil", no intuito de demonstrar o quão está acima do castigo. Na ocasião, considerou seu crime apenas um ato que expressava a sua superioridade. Tempos depois, Raskolnikov passa a sofrer de um terrível sentimento de culpa, acompanhado de uma febre avassaladora. E isso aconteceu quando ele entrou em contato com própria consciência: um fardo insuportável de carregar. Raskolnikov, então, se torna uma pessoa solitária e, nesse momento de sua vida, conhece a prostituta Sonya – vítima dos preconceitos sociais de sua época. Desprezada e doente, ainda assim ela demonstrava a coragem e a força interior (resiliência) que a sustentavam para lutar contra as humilhações que era submetida. E, desse modo, Sonya desperta em Raskolnikov um sentimento nobre. Mais

---

42 **Fiódor Dostoiévski** foi um escritor russo. É tido como o fundador do existencialismo e também como um dos maiores romancistas da História.

tarde, quando condenado à prisão, ele estende esse sentimento aos seus colegas – homens que em outros tempos ele certamente teria desprezado. Raskolnikov cumpre seu período de prisão, por ter infringido as leis da sociedade. Mas o que realmente o liberta de sua pena, é o sentimento que o aproximou de Sonya e dos prisioneiros com quem conviveu.

Esse romance de Dostoiévski dá luz à profunda distinção entre o castigo impingido pelo homem e a punição interior. E mais do que isso. Ele nos mostra que o caminho para a construção da autonomia não advém do desrespeito às leis, quando agimos como *rebeldes infantilizados*. Mas da coragem interna que nos faz resilientes às violências sociais, para protagonizar uma verdadeira mudança interior. Nesse processo, a **autonomia** resulta da conquista da *autoconsciência*, capaz de emitir julgamentos, independentemente da opinião alheia. A **resiliência** está no ato de enfrentar o reconhecimento de si (encarar a sombra), assim como enfrentar o desafio de questionar padrões impostos socialmente por uma "moralidade" duvidosa. Por fim, o **protagonismo** surge quando esse processo é conduzido, efetivamente, por uma escolha do próprio sujeito, em busca de uma legítima *transformação pessoal, em busca de evolução.*

Por trás de inúmeras depressões, transtornos de ansiedade, transtornos obsessivos e doenças psicossomáticas, existe um sentimento de culpa que leva a um inútil processo de autodestruição, sem oferecer nenhum tipo de *reparação* no mundo real. Às vezes, é mais fácil tomar um medicamento, do que fazer algo de mais concreto em prol do outro e/ou de si mesmo. Manter-se numa perpétua condenação mental (aprisionando-se na culpa) é negar o protagonismo em sua existência. Para alguns, creio que possa parecer "piegas", mas o antigo axioma: "fazer o bem, sem olhar a quem", talvez seja um poderoso antídoto capaz de substituir não só muitas caixas de Prozac, como é também mais *reparador* do que a culpa isolada de qualquer ação.

A boa notícia, é que nos dias atuais há até comprovação científica para mostrar que *fazer o bem* traz *felicidade* (e, portanto, liberta da culpa e dos antidepressivos). Quem faz essa afirmação é o monge Matthieu Ricard – considerado pelos pesquisadores da área "o homem mais feliz do mundo", por apresentar níveis elevadíssimos de neurotransmissores capazes desse efeito no organismo. Ricard, após terminar sua tese de doutorado, decidiu dedicar-se à pesquisa científica e, ao mesmo tempo, à vida espiritual. Em seu livro já mencionado (*A Revolução do Altruísmo*), ele afirma que a prática do bem leva a um estado de felicidade, acompanhado de um sentimento profundo de *autorrealização*.

O monge também cita a pesquisa conduzida por Antoine Lutz sobre os efeitos do altruísmo no cérebro, na qual verificou-se um aumento notável na sincronização de ondas cerebrais chamadas gama, promovendo um mecanismo de integração global das atividades de diferentes regiões do cérebro. De um modo geral, ao citar essas pesquisas sobre o tema, ele conclui que a ativação dessas áreas cerebrais "oferece perspectivas promissoras para se remediar o estresse, a depressão, a ansiedade e a síndrome de Burnout". Sem dúvida, é algo, no mínimo, para se pensar a respeito. E, inevitavelmente, remete a mais uma pergunta que devemos nos fazer: *A serviço de que, estou conduzindo minha própria vida?*

Sem discordar de Ricard, muito pelo contrário, apenas por cautela temo o modo como a palavra *altruísmo* possa soar aos ouvidos das pessoas. Pois para muitos, pode haver uma distorção que remete à ideia equivocada de "anulação de si mesmo", em benefício de outrem – o que não seria verdade. Assim, acredito que no contexto empresarial, a adoção do termo *generosidade* seria uma opção acertada, inclusive como um valor corporativo a ser adotado. Afinal, quando um líder dedica um tempo "a mais" de sua atenção a um colaborador, ele está sendo altruísta ou generoso? Ele está fazendo um bem somente ao outro, ou para ambos? Na verdade, tanto faz o termo, pois o que importa é adquirir a consciência de que a felicidade é experimentada quando fazemos o bem. E, à medida que a **generosidade** se torna um valor pessoal e organizacional, esse bem-estar é compartilhado em grande escala social.

Voltando à questão da culpa, importante destacar que ela também se apresenta sob outra face, chamada (des)culpa, cujo foco, agora, é externo ao indivíduo (talvez por uma questão projetiva). Assim, em vez culpar-se, impiedosamente, o indivíduo passa a buscar os culpados em sua volta, no intuito de justificar sua inoperância (ausência de protagonismo) perante a vida pessoal e profissional. Pouco a pouco, essa atitude se espalha, gerando desavenças e desarmonia. O que torna as pessoas cada vez mais infelizes (e novamente mais necessitadas de antidepressivos), à medida que o clima de "acusações" contamina o ambiente, se sobrepondo ao prazer da troca e da cooperação.

O psicólogo João Cordeiro, autor de *Desculpability*, discorre sobre o tema neste livro, explicando o quanto o

AUTONOMIA, RESILIÊNCIA E PROTAGONISMO

mecanismo primitivo de "dar desculpas e apontar culpados" está impregnado em todos nós, numa proporção bem maior do que imaginamos. Trata-se de um programa operacional, cujo objetivo é nos defender, sendo que jamais devemos subestimá-lo. Esse mecanismo age fazendo com que a energia gasta no processo de "buscar os culpados", retire o foco necessário às soluções efetivas que deveriam ser dadas aos problemas. Cordeiro afirma que, para os viciados em dar desculpas, "o problema parece sempre externo, pertence a alguém maior e distante. O problema é dos pais, do chefe, da empresa, do governo, do país, do planeta, do mau caráter da humanidade – mas nunca do próprio indivíduo".

Apoiando-me nas palavras do psicólogo, fica óbvio concluir que **quanto mais desculpas, menos protagonismo**. Logo, quanto menos protagonismo, menos *repar(ação)* dos erros cometidos, e menos *soluções concretas* aos problemas. Alguma instituição (corporativa ou até mesmo familiar) teria resiliência para superar as crises, agindo dessa forma?

Malala: uma história de autonomia, resiliência e protagonismo

Contar a história de Malala Yousafzai – a menina que enfrentou o Talibã[43] porque queria estudar e que tem surpreendido o mundo com sua luta e determinação – para finalizar este livro tem duas razões. A primeira, é porque essa "menininha" despontou como uma grande líder autônoma, demonstrando a coragem e a maturidade que muitos veteranos jamais experimentaram. Sua atitude contrapõem-se aos inúmeros exemplos de adultos imaturos (apontados neste livro), para mostrar que heteronomia não tem mesmo idade. E vice-versa. Pois Malala demonstrou que a autonomia também não. Afinal, é mais comum do que se imagina, a idade mental não coincidir com a idade cronológica. A segunda razão dessa escolha, é que sua trajetória é um relato final, no qual *autonomia, resiliência e protagonismo*, mais uma vez, se complementam.

Malala é uma menina que sempre adorou estudar. Mas, infelizmente, no lugar em que vivia isso passou a ser proibido pelos talibãs. Os véus de Malala, apesar de alegres e muito coloridos, serviram muitas vezes para ocultar seus livros, quando ia à escola, fazendo sempre um caminho diferente para não levantar suspeitas. Seu pai, o professor Ziauddin, era o dono da Escola Khushal, a maior do vale do Swat. E ela cresceu entre as carteiras das salas de aula, onde sempre se destacou como a melhor aluna da turma. Malala,

---

43 **Talibã** ou Taliban é um movimento fundamentalista islâmico, difundido principalmente no Paquistão e no Afeganistão. É oficialmente considerado uma organização terrorista pela Rússia, União Europeia e Estados Unidos.

desde pequena, já discursava como "gente grande" e, por essa qualidade, foi escolhida a oradora da turma. Junto de suas colegas, criou uma Assembleia de Direitos das Crianças, na qual se reuniam para discutir os problemas do vale e encaminhar pedidos e ideias de soluções ao governo.

Foi em 2007 que o exército do Talibã passou a exercer verdadeiro terror no vale onde ela morava. Invadiram as casas e destruíram computadores, câmeras fotográficas, aparelhos de TV, vídeo, som e DVD, atirando-os em uma fogueira. Consideravam que todas essas coisas eram pecado, principalmente a música e a dança. Fecharam lojas de instrumentos musicais e mataram pessoas para servir de exemplo. Os corpos eram deixados na chamada Praça Verde, local que os moradores passaram a chamar de Praça Vermelha. As mulheres foram totalmente banidas da sociedade, proibidas até de frequentar bazares.

Diante de tamanho terror, Malala sentia muito medo, tinha pesadelos terríveis e chovava baixinho, escondida. Isso ela confessou à jornalista Adriana Carranca[44] que foi até lá, corajosamente, para contar essa história. Malala também revelou à jornalista que quando anunciaram que as meninas estavam proibidas de ir à escola, este foi, até então, "o dia mais triste de sua vida". E ela tinha apenas 10 anos quando isso aconteceu.

Aos 11 anos, Malala fez sua primeira aparição pública e discursou ao lado do pai: "Como o Talibã se atreve a tirar

---

[44] **Adriana Carranca** é uma jornalista que viajou até o vale do Swat para conhecer Malala e contar a sua história. Todos os relatos apontados neste livro estão em: *Malala, a Menina que queria ir para a Escola.*

meu direito à educação? Minha força não está na espada. Está na caneta". Logo em seguida, passou a escrever um blog, mas por motivos de segurança, adotou um pseudônimo. O blog era publicado no site da rede de rádio e televisão BBC. Seu primeiro post começou assim: "Estou com medo". Embora, na verdade, ela fosse realmente um exemplo de coragem – justamente por enfrentar seu maior medo. Afinal, quando os militares jogaram bombas destruindo o vale onde morava, ela ficou apavorada e, depois de algum tempo, já não conseguia mais dormir, diante de tamanha ameaça. Ao todo, mais de quatrocentas escolas foram destruídas durante a guerra e 600 mil crianças ficaram sem aulas. (Segundo relatório da ONU, ainda hoje, menos da metade das meninas paquistanesas frequentam a escola.)

Passado esse episódio, a situação foi então se acalmando, até que, em determinado momento, o exército do Paquistão conseguiu expulsar os talibãs do vale e a paz *parecia* novamente reinar. Revelou-se que Malala era a menina blogueira, o que a tornou famosa, aparecendo até num documentário do *New York Times*. Tudo isso, obviamente, lhe deu uma enorme visibilidade. E os talibãs prometeram matá-la.

No dia 9 de outubro de 2012, Malala voltava da aula em ônibus escolar. Dois homens em uma motocicleta fizeram sinal para que o motorista parasse. Um deles desceu da moto, armado, e perguntou às meninas: "Qual de vocês é Malala?". Num ato instintivo, involuntário, todas olharam para ela. E um deles, então, atirou três vezes. O primeiro tiro atingiu Malala no rosto e os outros tiros, atingiram suas colegas também. Malala ficou quatro meses internada em um hospital e passou por quatro cirurgias. Mas o resultado disso, foi "um tiro que saiu pela culatra". Pois em vez de conseguirem calar "a menina que queria estudar", sua voz passou a ter repercussão mundial, numa luta que ganhou atenção e doações de milhares de pessoas que se uniram a ela.

A trajetória "da menina que enfrentou o Talibã" é uma história que ilustra os conceitos abordados nesse livro. Malala demonstra a autonomia característica dos estágios 5 e 6, descritos por Kohlberg. É notório seu desejo de criar uma sociedade justa, questionando leis impostas pelo autoritarismo e pelo fanatismo religioso. Ela reconhece a injustiça dessas leis, com uma visão clara a respeito de seus direitos.

Seu estilo de liderança mistura audácia e vigor, ao mesmo tempo que transmite doçura e delicadeza, numa mensagem pacífica e inspirada em valores universais. É a essência do estágio 6, que Kohlberg lamentou ser Martin Luther King, talvez, o último de seus representantes. Ora, se liderança é a capacidade de influenciar pessoas, Malala, em 29 de abril de 2013, foi nada menos do que capa da revista *Time,* por ser considerada uma das 100 pessoas mais influentes do mundo. E, não é à toa que com apenas 17 anos, foi a mais jovem personalidade condecorada com o Prêmio Nobel da Paz. Seu discurso ("Minha força não está na espada. Está na caneta.") é assertivo e contém a inteligência do *saber fazer*, aliada à vontade do *querer fazer*. Malala demonstra a coragem dos indivíduos **autônomos**, proporcionalmente oposta ao ***medo da punição*** que caracteriza os **heterônomos**.

Malala é também modelo de resiliência. Afinal, ela não desanimou de seu objetivo, mesmo sob fortíssimo impacto.

Talvez o mais cruel e traumático que qualquer ser humano possa encarar: a marca do terrorismo, em sua própria face, literalmente. Quantos indivíduos adultos, muito mais fortes fisicamente, ou mais preparados academicamente, não se deixam abater por ameaças que poderiam ser consideradas até insignificantes, diante do que representa o Talibã?

Malala contou à jornalista Adriana Carranca que sentiu muito medo, perdeu o sono e tudo mais. Mas ainda assim, desenvolveu estratégias de enfrentamento. Ou melhor, demonstrou "habilidade para superar adversidades", como definem alguns autores quando falam de resiliência. Quando foi informada de que não poderia mais estudar, experimentou um enorme sentimento de *frustação*, visto que ir à escola era a sua maior paixão. Mas ela soube lidar com essa situação, demonstrando força e maturidade (apesar da pouca idade) ao engajar-se numa luta difícil – enquanto muitos de nós, "adultos", por vezes nos comportamos como crianças mimadas, quando somos contrariados. Ou simplesmente paralisamos diante dos obstáculos, esperando que alguém nos diga o que fazer.

A história de Malala também mostra o quanto a resiliência tem algo que é do próprio indivíduo, mas, ao mesmo tempo, também passível de intervenção humana. Isto é, **a educação dos pais, a formação escolar e o ambiente corporativo podem, efetivamente, contribuir para fortalecer essa competência.** Quanto ao aspecto "interno" do indivíduo, Malala demonstrou, desde muito pequena, a paixão pela escola e pelos estudos. Sempre destacou-se com as melhores notas, em todas as disciplinas, o que é característico de sua essência (se é que podemos dizer assim), pois seu desempenho elevado nunca foi uma imposição externa. Ela tinha "os olhos brilhando para o quadro negro", contou a diretora da escola na qual ela estudava.

Contudo, a relação paterna também teve um papel indiscutível em sua formação, no sentido de fortalecer a resiliência da menina. No relato de Adriana Carranca, Malala foi educada por seu pai, sem nunca fazer distinção alguma entre meninos e meninas, o que é totalmente atípico em sua cultura (e não somente em sua cultura). Ele também permitia que ela circulasse entre adultos, e pudesse conversar, fazer perguntas, o que também não é de costume para seu povo. Seu pai lhe transferiu seu sobrenome, o que é comum em nossa cultura, mas não na deles. Muito pelo contrário. Pois quando nasce um menino, é motivo de celebração, enquanto a chegada de uma menina não é sequer anunciada. Ziauddin também cumpria um importante papel na luta pela paz da região. E sua filha o acompanhava em discursos e protestos, sempre atenta ao conteúdo de seus dizeres. Esse vínculo notável e diferenciado entre os dois lhe assegurou a força necessária para superar o trauma do atentado e, também, a coragem para engajar-se numa luta nobre, porém muito arriscada. Assim, aqui retomamos uma reflexão proposta neste livro, aos que ocupam cargos de liderança: se o objetivo das organizações é poder contar com gente firme, com gente que não perde o rumo em meio às tempestades, **por que não investir na qualidade do vínculo estabelecido com os colaboradores?**

Por fim, a história de Malala nos mostra que é justamente por serem autônomos e resilientes, que os indivíduos se tornam protagonistas – uma vez que se reconhecem como agentes de transformação social – e não meros coadjuvantes para a manutenção do sistema. E o *protagonismo* de Malala é inegável, à medida que ela é considerada a principal ativista na luta pelo direito de estudar de todas as meninas, liderando um movimento mundial. Na sede da Organização das Nações Unidas, pedindo acesso universal à educação, Malala discursou dizendo: *"Uma criança, um professor, um livro e uma caneta podem mudar o mundo. O conteúdo de um livro guarda o poder da educação e é com esse poder que conseguimos moldar o futuro e mudar vidas".*

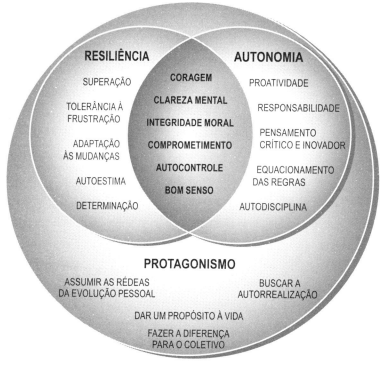

Malala é, sem dúvida, um exemplo de maturidade "de dar inveja" a muitos adultos, ainda infantilizados. Mais do que isso, ela nos possibilita enxergar com clareza a complementaridade dos conceitos abordados neste livro. E o que há de comum entre Malala Yousafzai, Mahatma Gandhi, Viktor Frankl, Hanna Arendt, Maria da Penha Fernandes, Martin Luther King, Steve Jobs, Gui Laliberté, Nise da Silveira e tantos outros? Ora, são pessoas diferentes, com histórias diferentes, em contextos diferentes e enfrentando problemas diferentes, mas que demonstraram um mesmo "estado de espírito", em suas batalhas, também diferentes. Todos esses heróis passaram por sérias dificuldades com extrema *resiliência*, buscaram soluções éticas e/ou criativas para solucionar seus problemas (**autonomia moral e intelectual**) e, por essa razão, protagonizaram desfechos surpreendentes, com conquistas não apenas pessoais, mas também coletivas.

Autonomia, resiliência e protagonismo representam uma jornada evolutiva, sem ponto de chegada... Mas que todos os indivíduos, em algum momento, precisam iniciar.

BIBLIOGRAFIA CONSULTADA

ALVES, Rubem – Ostra Feliz Não Faz Pérola. São Paulo, Planeta, 2008.
ARENDT, Hannah – Eichmann em Jerusalém: Um Relato Sobre a Banalidade do Mal. São Paulo, Companhia das Letras, 2015.
BAPTISTA, Sylvia Mello Silva – O Arquétipo do Caminho. São Paulo, Casa do Psicólogo, 2008.
BIAGGIO, Angela Maria Brasil – Lawrence Kohlberg: Ética e Educação Moral. São Paulo, Moderna, 2002.
BUSH, Catherine – Gandhi. São Paulo, Nova Cultural, 1987.
CARRAHER, Teresinha Nunes; CARRAHER, David William; SCHLIEMANN, Analúcia Dias – Na Vida Dez, na Escola Zero – São Paulo, Cortez, 2001.
CARRANCA, Adriana – Malala, a Menina que queria ir para a Escola. São Paulo, Companhia das Letrinhas, 2015.
CODO, Wanderley, VASQUES-MENEZES, Iône – *O que é Burnout?* In: Educação: Carinho e Trabalho. Org.Wandeley Codo. Petrópolis, Vozes, 1999.
CORDEIRO, João – Desculpability: Elimine de vez as Desculpas e entregue Resultados Excepcionais. São Paulo, Évora, 2015.
DALGALARRONDO, Paulo – Psicopatologia e Semiologia dos Transtornos Mentais. Porto Alegre, Artmed, 2000.
DARWIN, Charles – A Origem das Espécies e a Seleção Natural. São Paulo, Hemus, 2003.

_____ – A Origem do Homem e a Seleção Sexual. São Paulo, Hemus, 2002.

DELL'AGLIO, Débora Dalbosco; KOLLER, Sílvia Helena; YUNES, Maria Angela Mattar – Resiliência e Psicologia Positiva: Interfaces do Risco à Proteção. São Paulo, Casa do Psicólogo, 2011.

DOSTOIEVSKI, Fiodor – Crime e Castigo. São Paulo, Editora 34, 1998.

DSM-IV – Manual de Diagnóstico e Estatística das Perturbações Mentais. 4ª edição – American Psychiatric Association. Lisboa, Climepsi Editores, 1996.

FRANKL, Viktor E. – Em Busca de Sentido. Petrópolis, Vozes, 1985.

FREIRE, Paulo – Pedagogia da Autonomia: Saberes Necessários à Prática Educativa, Rio de Janeiro, Paz e Terra, 1996.

_____ – Pedagogia da Esperança: Um Reencontro com a Pedagogia do Oprimido, São Paulo, Paz e Terra, 2000.

_____ – Pedagogia do Oprimido, Rio de Janeiro, Paz e Terra, 1987.

FREUD, Ana – O Ego e os Mecanismos de Defesa. Porto Alegre, Artmed, 1995.

FREUD, Sigmund – O Caso Schreber: Artigos sobre Técnicas e outros Trabalhos. Rio de Janeiro, Imago, 2002.

FOUCAULT, Michel – Vigiar e Punir. Petrópolis, Vozes, 1997.

GABBARD, Glen O. – Psiquiatria Psicodinâmica na Prática Clínica. Porto Alegre, Artmed, 2008.

GARDNER, Howard – Estruturas da Mente: A Teoria das Inteligências Múltiplas. Porto Alegre, Artmed, 2002.

_____ – Inteligência: Um Conceito Reformulado. Rio de Janeiro, Objetiva, 2000.

_____ – Responsabilidade no Trabalho: Como Agem (ou não) os Grandes Profissionais. Porto Alegre, Artmed.2009

GOLEMAN, Daniel – Inteligência Emocional: A Teoria Revolucionária que Redefine o que é Ser Inteligente. Rio de Janeiro, Objetiva, 1996.

GOULD, Stephen Jay – A Falsa Medida do Homem. São Paulo, Martins Fontes, 1999.

HUTZ, Claudio S.; SOUZA, Luciana Karine de – Estudos e Pesquisas em Psicologia do Desenvolvimento e da Personalidade. São Paulo, Casa do Psicólogo, 2013.

JUBRAM, Renata – Autonomia 360º: Saberes Aplicáveis na Liderança Atual. São Paulo, DVS, 2012.
_____ – Inteligência ou Inteligências? Da Eugenia à Inclusão. Guarapari, Ex-Libris, 2007.
_____ – *Desenvolvimento da Sexualidade e da Moral* in: Tratado de Psiquiatria da Infância e da Adolescência. ASSUMPÇÃO, Francisco Baptista; KUCZYNSKI, Evelyn. São Paulo, Atheneu, 2013.
_____ – colaboradora no glossário in: Conceitos de Educação em Paulo Freire. Organizadoras: VASCONCELOS, Maria Lucia M. C.; BRITO, Regina Helena Pires de. Petrópolis, Vozes, 2006.
JUNG, C. G. – Psicologia do Inconsciente. Petrópolis, Vozes, 1987.
_____ – Os Arquétipos e o Inconsciente Coletivo. Petrópolis, Vozes, 1976.
KANT, Immanuel – Crítica da Razão Pura, Coleção Os Pensadores. São Paulo, Nova Cultural, 1999.
KOHLBERG, Lawrence – Psicología del Desarrollo Moral. Bilbao, Desclée De Brouwer, 1992.
KRISHNAMURTI, J. – A Rede do Pensamento. São Paulo, Cultrix, 1982.
LAPLANCHE Jean; PONTALIS Jean-Bertrand – Vocabulário da Psicanálise. São Paulo, Martins Fontes, 2008.
LOWEN, Alexander – O Corpo em Depressão: As Bases Biológicas da Fé e da Realidade. São Paulo, Summus, 1983.
LA TAILLE, Yves de – Moral e Ética: Dimensões Intelectuais e Afetivas. Porto Alegre, Artmed, 2006.
MASLOW, Abraham H. – Introdução à Psicologia do Ser. Rio de Janeiro, Eldorado, 1962.
MEIRELES, Marilucia Melo – Anomia. São Paulo, Casa do Psicólogo, 2012.
MILGRAM, Stanley – *Obediência à Autoridade* in: Mente e Cérebro: Dez Experiências Impressionantes sobre o Comportamento Humano. SLATER, Lauren. Rio de Janeiro, Ediouro, 2004.
MIZUKAMI, Maria da Graça Nicoletti. – Ensino: As Abordagens do Processo. São Paulo, EPU, 1986.
MULLER, Jean-Marie – O Princípio da Não-Violência: Uma Trajetória Filosófica. São Paulo, Palas Athena, 2007.
MUSSAK, Eugenio – Metacompetência: Uma Nova Visão do Trabalho e da Realização Pessoal. São Paulo, Gente, 2003.

NICHOLS, Sallie – Jung e o Tarô: Uma Jornada Arquetípica. São Paulo, Cultrix, 2014.
OLIVEIRA, Marta Kohl de – Vygotsky: Aprendizado e Desenvolvimento: Um Processo Sócio-histórico. São Paulo, Scipione, 2003.
PALOMBA, Guido Arturo – Loucura e Crime. São Paulo, Fiuza, 1996.
PIAGET, Jean – O Juízo Moral na Criança. São Paulo, Summus, 1994.
_____ – Psicologia da Inteligência. Rio de Janeiro, Zahar, 1977.
_____ – Seis Estudos de Psicologia. Rio de Janeiro, Forense Universitária, 1967.
RICARD, Matthieu – A Revolução do Altruísmo. São Paulo, Palas Athena, 2015.
SABBAG, Paulo Yazigi – Resiliência: Competência para Enfrentar Situações Extraordinárias na sua Vida Profissional. São Paulo, Elsevier, 2012.
SHINE, Sidney Kiyoshi – Psicopatia. São Paulo, Casa do Psicólogo, 2005.
SILVEIRA, Nise da – Jung: Vida e Obra. Rio de Janeiro, Paz e Terra, 1978.
_____ – O Mundo das Imagens, São Paulo, Ática, 1992.
STEIN, Murray – Jung: O Mapa da Alma. São Paulo, Cultrix, 1998.
STERNBERG, Robert J. – Inteligência para o Sucesso Pessoal. Rio de Janeiro, Campus, 2000.
VYGOTSKY, L. S. – A Formação Social da Mente. São Paulo, Martins Fontes, 2000.
_____ – Pensamento e Linguagem. São Paulo, Martins Fontes, 1991.
WALSH, Froma – Fortalecendo a Resiliência Familiar. São Paulo, Roca, 2005.

CURRÍCULO

Renata Jubram é psicóloga e atua como educadora desde os quinze anos de idade, quando ingressou no magistério. Começou como professora do maternal, passou pelo ensino fundamental, médio e superior, consecutivamente, até chegar às turmas de pós-graduação. São quase trinta anos dedicados à educação e à docência, com muito amor!

Transitando entre o mundo acadêmico e corporativo, seu foco é o desenvolvimento de lideranças e de pesquisa no campo da autonomia, desde 2011, quando mergulhou de cabeça nesses temas. Em sua trajetória acadêmica, lecionou na graduação e na pós-graduação as seguintes disciplinas: psicologia da educação, psicologia do desenvolvimento, psicopatologia, psicanálise, psicologia escolar e problemas de aprendizagem e psicopedagogia clínica e institucional. Atualmente é professora de MBAs, na área de liderança, gestão de pessoas e motivação.

Sua formação inclui mestrado em Educação, Arte e História da Cultura e especializações em Saúde

Mental, Psicossomática, Psicopedagogia e Psicodrama.
Foi palestrante do CONARH/2014, abordando o tema: Autonomia, Liderança e Responsabilidade.

É também autora de **Autonomia 360° – Saberes aplicáveis na liderança atual; Inteligência ou Inteligências? – Da eugenia à inclusão; O Desenvolvimento Moral** (Tratado de Psiquiatria da Infância e da Adolescência) e colaboradora do **Glossário: Conceitos de Educação em Paulo Freire**.

Como educadora organizacional, atuou em grandes empresas e consultorias, até que em 2012 fundou a **Escola de Liderança** – uma empresa de educação corporativa que desenha programas cujo objetivo é desenvolver pessoas *autônomas, resilientes e protagonistas* de suas carreiras e vida pessoal. A escola tem metodologia própria, inspirada nos livros da autora e nos grandes nomes da pedagogia e da psicologia, como Piaget, Vygotsky, Howard Gardner, Daniel Goleman e Lawrence Kohlberg. Aprender sempre, com todas as pessoas e, de preferência, se divertindo muito, é o lema que norteia essa caminhada.

Nos momentos de lazer, adora estar em contato com a natureza e na companhia dos animais. Os vira-latas são sua grande paixão!

Contatos da Autora

 www.renatajubram.com.br

 renata@renatajubram.com.br

 + 55 11 2667 1136

 /renatajubram

Conheça as nossas mídias

www.twitter.com/integrare_edit
www.integrareeditora.com.br/blog
www.facebook.com/integrare
www.instagram.com/integrareeditora

www.integrareeditora.com.br